O
HOMEM
SEM
GRANA

CB020611

O HOMEM SEM GRANA

MARK BOYLE

Tradução

Bruno Casotti

CIP-BRASIL. CATALOGAÇÃO-NA-FONTE
SINDICATO NACIONAL DOS EDITORES DE LIVROS, RJ.

B785h
Boyle, Mark
     O homem sem grana / Mark Boyle; tradução: Bruno Casotti.
— Rio de Janeiro: BestSeller, 2012.

Tradução de: The moneyless man
ISBN 978-85-7684-510-2

1. Boyle, Mark — Viagens. 2. Boyle, Mark — Guias de experiência de vida. 3. Riqueza — Aspectos psicológicos. I. Título.

12-2706.
                            CDD: 330
                            CDU: 330

Texto revisado segundo o novo Acordo Ortográfico da Língua Portuguesa.

Título original norte-americano
THE MONEYLESS MAN
Copyright © 2010 by Mark Boyle
Copyright da tradução © 2012 by Editora Best Seller Ltda.

Capa: designedbydavid.co.uk
Foto de capa: © Ersoy Emin
Editoração eletrônica: FA Editoração

Todos os direitos reservados. Proibida a reprodução,
no todo ou em parte, sem autorização prévia por escrito da editora,
sejam quais forem os meios empregados.

Direitos exclusivos de publicação em língua portuguesa para o Brasil
adquiridos pela
EDITORA BEST SELLER LTDA.
Rua Argentina, 171, parte, São Cristóvão
Rio de Janeiro, RJ — 20921-380
que se reserva a propriedade literária desta tradução.

Impresso no Brasil

ISBN 978-85-7684-510-2

Seja um leitor preferencial Record.
Cadastre-se e receba informações sobre nossos lançamentos
e nossas promoções.

Atendimento e venda direta ao leitor:
mdireto@record.com.br ou (21) 2585-2002

Para MKG

SUMÁRIO

Agradecimentos   9
Prólogo   11

1. Por que sem grana?   15
2. As regras do compromisso   33
3. Preparando as bases   41
4. Véspera do "ano sem comprar nada"   66
5. O primeiro dia   78
6. A rotina sem grana   84
7. Uma estratégia de risco   94
8. Natal sem grana   103
9. A falta de verduras   122
10. A primavera à minha porta   131
11. Visitantes indesejados e companheiros distantes   148
12. Verão   160
13. A calmaria antes da tempestade   188

14. Fim?	202
15. Lições de um ano sem grana	224
Epílogo	236
Sites úteis	239

AGRADECIMENTOS

Meu nome está na capa deste livro, o que indica que essas palavras são minhas. Mas essa é uma meia verdade. Não reivindico posse alguma. Como poderia? Essas palavras são simplesmente o acúmulo de tudo que veio antes delas: as pessoas que encontrei, os livros que li, as canções que cresci ouvindo, os rios onde nadei, as garotas que beijei, os filmes a que assisti, as tradições que aprendi, os filósofos que estudei, os erros que cometi, a violência que vi e o amor que testemunhei.

Há algumas pessoas muito próximas às quais eu realmente gostaria de expressar minha gratidão (aviso: se seu nome não estiver aqui, não significa que não ame você). Meu pais, Marian e Josie, por sempre me darem tudo o que puderam e pelo apoio permanente. Pessoas como Chris e Suzie Adams (e o pequeno Oak), Dawn, Markus e Olivia (só para citar algumas), que me ajudaram a trilhar esse caminho, que estavam ali comigo quando arrisquei os primeiros passos, quando tropecei nele, e que ainda hoje estão me ajudando. À Mari, por seu amor e pelo laço indestrutível que tenho com você. A Fergus, por ser a luz a me guiar na escuridão e por me lembrar por que estou fazendo isso. Àqueles como Marty, Stephen e Gerard, que seguiram caminhos diferentes mas que definem a palavra "amigo" para mim. À minha comunidade, próxima e distante, cuja riqueza de conhecimento, habilidades e amizade tiveram um valor bem superior ao dinheiro ao longo do ano passado. A Mike, da Oneworld, meu editor fantástico, a quem você precisa agradecer se, por algum estranho motivo, acabar gostando deste livro, e à Sallyanne, por ser a agente mais prestativa do mundo.

Por fim, às muitas milhares de pessoas que me contataram para oferecer seu apoio ao longo do ano e àquelas que me criticaram, porque isso me faz lembrar que minha opinião é apenas uma entre muitas e que tenho muito a aprender.

PRÓLOGO

VÉSPERA DO "ANO SEM COMPRAR NADA", 28 DE NOVEMBRO DE 2008

O momento não poderia ser melhor. São 18h05 do meu último dia sob o domínio do dinheiro e, no que me diz respeito, as lojas efetivamente fecharam as portas por um ano. Foi um dia inesperadamente longo; a mídia farejou meus planos de viver sem dinheiro e então, em vez de cuidar dos preparativos finais para minha experiência social iminente e — muito mais importante — tomar uma última cerveja no meu bar habitual, acabei dando entrevista após entrevista após entrevista. O som da minha voz respondendo às mesmas perguntas repetidas vezes me deixou ligeiramente enjoado.

Pedalando para casa depois de minha última entrevista, na BBC, cortando caminho por um bairro particularmente boêmio de Bristol, com luzes de neon e cheio de cacos de vidro, sinto meu traseiro oscilando de um lado para o outro. Não é nada de mais, apenas um pneu furado, mas é um exemplo simbólico dos desafios que enfrentarei diariamente durante os próximos doze meses. Estou a 29 quilômetros do meu trailer, onde estupidamente deixei meu kit para consertos, mas posso parar na casa da minha namorada, Claire, e fazer um remendo na câmara de ar. Minha única preocupação é que vou ter que empurrar a bicicleta ligeiramente danificada, com dois alforjes pesados na traseira, por quase cinco quilômetros. Considerando que estou cinco minutos atrasado para comprar uma roda nova, eu bem que podia pelo menos não empenar a roda que tenho.

No caminho, grito por meu amigo Fergus Drennan. Fergus é um forrageador famoso, mas, infelizmente, um péssimo mecânico de bicicletas. Entretanto, é inegavelmente entusiasmado e é exatamente disso que preciso. A pressão do tempo, misturada à apreensão com o ano que terei pela frente, está começando a cobrar seu preço. Depois de finalmente chegarmos à casa de Claire, enquanto começo a soltar descuidadamente o que penso ser a roda traseira, ele explica como posso fazer papel e tinta de cogumelos. Exausto, mas fascinado com suas divagações, estou cada vez mais frustrado com minha dificuldade de tirar a roda. No momento exato em que estou pensando que devia pôr alguma comida para dentro antes de desmaiar ou enfiar um cogumelo chapéu-de-cobra na garganta de Fergus, ouço um enorme *ping!* e algo aparentemente bastante importante salta no ar. Em minha exaustão, em vez de desprender a roda, soltei o descarrilhador traseiro. Não é uma notícia muito boa. Com exceção de meu corpo, essa bicicleta é de longe o bem mais importante para minha experiência iminente. Na verdade, não é apenas importante, é absolutamente essencial. O percurso de ida e volta para muitas de minhas potenciais fontes de comida e madeira é de quase sessenta quilômetros; e quase trinta quilômetros até a maioria dos meus amigos. Sem bicicleta, viajar para encontros seria impossível e eu não teria a menor esperança de vasculhar todo tipo de coisa que inevitavelmente precisarei durante o ano.

Entendo um pouco sobre bicicletas, mas algo tão intricado quanto o descarrilhador traseiro está além dos meus conhecimentos. Em minha existência anterior, endinheirada, se acontecesse algo terrivelmente sério com a bicicleta, eu a levaria à loja de bicicletas, compraria algumas peças novas e pagaria a um atendente simpático para consertá-la. Esta, porém, já não era uma opção. Eu passara o dia falando com repórteres sobre como, durante seis meses, tinha me preparado para conseguir viver sem dinheiro durante um ano, e ali estava eu, quatro horas antes de começar oficialmente essa vida, deitado, completamente exausto física e mentalmente, ao lado de uma bicicleta recém-destroçada que estava no coração dos meus planos. Considerando que no dia seguinte eu deveria preparar uma refeição de três pratos para 150 pessoas, feita com alimentos forrageados no mato e na cidade que eu ainda não havia obtido, eu estava começando a sentir a pressão.

Não era apenas a bicicleta que me preocupava. Esse era um pequeno exemplo dos milhares de problemas que eu enfrentaria num ano normal. A diferença era que antes eu podia jogar dinheiro em meus problemas sempre e onde quer que eles aparecessem. Percebi a situação precária em que estava, prestes a entrar num mundo no qual tinha pouquíssima experiência. Pela primeira vez, senti-me vulnerável. A mais simples das tarefas — tarefas que até agora eu dava como corriqueiras — tornava-se extremamente difícil, se não impossível. Estaria essa experiência condenada ao fracasso desde o início? Decidi não pensar nisso: não havia volta e, de qualquer modo, milhões de pessoas tinham me ouvido falar sobre isso, o que aumentava consideravelmente a pressão que eu sentia.

E então, enquanto eu estava ali, coberto de óleo, cheio de apreensão, exausto, estressado e olhando para o teto, muitos pensamentos passaram pela minha cabeça. Como eu tinha conseguido chegar a esse ponto em minha vida e por que diabos acabara embarcando tão publicamente nessa missão que parecia ser impossível?

1
POR QUE SEM GRANA?

O dinheiro é parecido com o amor. Passamos a vida inteira perseguindo-o, mas poucos de nós compreendem sua real natureza. Tudo começou, em muitos aspectos, como uma ideia fantástica.

Houve um tempo em que as pessoas usavam o escambo, e não o dinheiro, para realizar muitas de suas transações. Em dia de feira, elas saíam com o que quer que tivessem produzido: os padeiros levavam seus pães, os ceramistas sua cerâmica, os fabricantes de cerveja arrastavam seus barris, e os carpinteiros carregavam cadeiras e colheres de madeira. Eles negociavam com as pessoas que esperavam que tivessem algo de valor para eles. Essa era realmente uma excelente maneira de as pessoas se reunirem, mas não era tão eficiente quanto podia ser.

Quando o sr. Padeiro queria um pouco de cerveja, procurava a sra. Cervejeira. Depois de eles conversarem sobre os filhos, o sr. Padeiro oferecia alguns pães em troca de um pouco da deliciosa bebida da sra. Cervejeira. Na maioria das vezes, isso era perfeitamente aceitável e as duas partes chegavam a um feliz acordo. Mas — e foi aí que os problemas começaram — às vezes a sra. Cervejeira não queria pão ou não achava que seu vizinho estava oferecendo o bastante em troca de sua cerveja. Mas o sr. Padeiro não tinha mais nada para oferecer a ela. Esse problema se tornou conhecido como "dupla coincidência de desejos": numa transação, toda pessoa tem que ter algo que a outra pessoa quer. Talvez a sra. Cervejeira tivesse descoberto que seu marido sofria de intolerância a glúten e, portanto, o sr. Padeiro estaria contribuindo para a síndrome do intestino irritável dele. Ou que, em vez de pão, ela quisesse uma colher nova da sra. Carpinteira e alguns produtos frescos da sra. Agricultora. Era tudo muito confuso para a pobre sra. Cervejeira.

Certo dia, um homem com uma cartola elegante e terno risca-de-giz feito sob medida chegou à cidadezinha. As pessoas nunca o tinham visto antes. Esse novo camarada — ele se apresentou como sr. Bancos — foi à feira e riu ao ver o tumulto e a agitação quando todos se misturavam caoticamente e tentavam obter o que precisavam para a semana. Ao ver a sra. Agricultora tentando sem sucesso trocar seus vegetais por algumas maçãs, o sr. Bancos a puxou para o lado e lhe disse para reunir todas as pessoas da cidade naquela noite, na prefeitura, porque ele conhecia uma maneira que tornaria a vida delas muito mais fácil.

Naquela noite, toda a comunidade apareceu, acotovelando-se de empolgação e curiosa para saber o que diria aquele ser estranho e carismático, de cartola e terno bonito. O sr. Bancos mostrou a eles dez mil conchas de moluscos, cada uma delas com sua própria assinatura estampada, e deu cem conchas para cada um dos cem moradores da cidade. Disse a eles que, em vez de carregar incômodos barris de cerveja, pães, potes e cadeiras, as pessoas poderiam usar aquelas conchas para negociar seus bens. Tudo o que teriam que decidir era quantas conchas suas mercadorias e produtos valiam e usar aqueles pequenos símbolos para negociar seus bens. "Isso faz muito sentido", disseram as pessoas. "Nossos problemas estão resolvidos."

O sr. Bancos disse que voltaria um ano depois e que, quando fizesse isso, queria que cada uma das pessoas lhe trouxesse 110 conchas. As dez conchas a mais, disse ele, simbolizariam o reconhecimento delas ao tempo que ele lhes havia poupado e ao quanto ele tornara a vida delas mais fácil. "Isso parece justo, mas de onde virão as dez conchas a mais?", perguntou a inteligentíssima sra. Cozinheira quando ele descia do palco. Ela sabia que seria impossível que todos os moradores dessem dez conchas a mais. "Não se preocupe. Você acabará descobrindo como", disse o sr. Bancos enquanto partia para a próxima cidade.

E foi assim que, utilizando uma simples alegoria, o dinheiro surgiu. O que ele se tornou está muito distante desse início modesto. O sistema financeiro se tornou tão complicado que quase desafia explicações. O dinheiro não são apenas as notas e moedas que levamos no bolso; os números em nossa conta bancária são apenas o começo. Há mercado futuro e derivativos, governo, laços corporativos e municipais, reservas no Banco Central e os títulos hipotecários que ficaram famosos ao causar o colapso mundial na crise de crédito de 2008. Há tantos instrumentos, índices e mercados que até mesmo os especialistas mundiais não conseguem entender completamente como eles interagem.

O dinheiro já não trabalha para nós. Nós trabalhamos para ele. O dinheiro tomou conta do mundo. Como sociedade, cultuamos e veneramos uma mercadoria que não tem qualquer valor intrínseco, à custa de todo o resto. E mais: toda a nossa noção de dinheiro está fundamentada num sistema que promove desigualdade, destruição ambiental e desrespeito à humanidade.

GRAUS DE SEPARAÇÃO

Em 2007, eu estava envolvido em negócios, de algum modo, há quase dez anos. Estudara administração e economia na Irlanda durante quatro anos, seguidos de mais seis gerenciando empresas de alimentos orgânicos no Reino Unido. A comida orgânica me interessou depois de ler um livro sobre Mahatma Gandhi durante o último semestre da faculdade. A maneira como esse homem viveu sua vida me convenceu de que eu queria dar algum uso social positivo a qualquer conhecimento e habilidade que tivesse, em vez de entrar no mundo corporativo para ganhar tanto dinheiro quanto pudesse e tão rápido quanto possível, o que era meu plano original. Um dos ditados de Gandhi que me sensibilizou é "seja a mudança que você quer ver no mundo", seja você uma "minoria de um ou uma maioria de milhões". O problema é que eu não tinha a menor ideia de qual era essa mudança. A comida orgânica me pareceu ser (e em muitos aspectos ainda me parece) uma indústria ética, portanto, parecia um bom lugar para começar.

Depois de seis anos envolvido na indústria de alimentos orgânicos, comecei a vê-la como um excelente passo para uma vida ecologicamente mais sadia, e não como o Santo Graal da sustentabilidade, que um dia eu acreditei ser. Tinha muitos problemas comuns à indústria de alimentos convencionais: comida transportada de avião pelo mundo; alimentos semiprontos empacotados em excessivas camadas de plástico; e grandes corporações comprando pequenos negócios independentes. Eu me desiludi, comecei a explorar outras maneiras de participar do crescente movimento global de pessoas preocupadas com questões como as mudanças climáticas e o esgotamento de recursos e quis fazer algo a respeito.

Certa noite, conversando com meu bom amigo Dawn, discutimos alguns dos grandes problemas do mundo: fábricas que exploram funcionários, destruição ambiental, animais criados em cativeiro para consumo, guerras por recursos básicos e coisas do tipo. Nos perguntávamos qual dessas coisas deveríamos dedicar nossas vidas a combater. Não que algum de nós achasse que poderia fazer muita diferença; éramos apenas dois peixinhos num oceano imensamente poluído. Naquela noite, percebi que esses sintomas de mal-estar global não estavam tão dissociados quanto eu pensava e que um fio comum de uma grande causa passava por eles: nossa desconexão com aquilo que consumimos. Se todos tivéssemos que cultivar nossa própria comida, não desperdiçaríamos um terço dela (como fazemos hoje no Reino Unido). Se tivéssemos que fazer nossas próprias mesas e cadeiras, não as jogaríamos fora na hora de mudar a decoração da casa. Se pudéssemos olhar na cara de uma criança que, sob o olhar de um soldado armado, corta o tecido da roupa que observamos na vitrine, provavelmente desistiríamos de comprá-la. Se pudéssemos ver as condições em que um porco é abatido, a maioria de nós largaria o sanduíche de bacon. Se tivéssemos que limpar a água que bebemos, certamente não defecaríamos nela.

Os seres humanos não são destrutivos em sua essência; sei de pouquíssimas pessoas que querem causar sofrimento. Mas a maioria de nós não tem a menor ideia de que nossos hábitos de compra diários são tão destrutivos. O problema é que a maioria nunca verá esses processos horríveis nem conhecerá as pessoas que produzem nossos bens, que dirá produzi-los sozinha. Vemos alguns indícios na mídia ou na internet, mas isso tem pouco efeito; o impacto é seriamente reduzido pelos filtros emocionais do cabo de fibra ótica.

Chegando a essa conclusão, quis descobrir o que permitia essa extrema desconexão com o que consumimos. No final, a resposta foi muito simples. No momento em que a ferramenta "dinheiro" passou a existir, tudo mudou. Quando foi criado, o dinheiro parecia ser uma grande ideia, e 99,9% da população mundial ainda acredita que é. O problema é o que o dinheiro se tornou e o que ele nos permitiu fazer. Ele nos permite estar completamente desconectados com o que consumimos e com as pessoas que fazem os produtos que usamos. Os graus de separação entre o consumidor e o que é consumido aumentaram enormemente desde o surgimento do dinheiro e, em meio à complexidade dos sistemas financeiros de hoje, são maiores do que nunca. As campanhas de marketing são criadas especificamente para esconder essa realidade de nós; e com bilhões de dólares por trás delas, são muito bem-sucedidas nesse objetivo.

O DINHEIRO COMO DÍVIDA

Em nosso sistema financeiro moderno, a maior parte do dinheiro é criada como dívida pelos bancos privados. Imagine que exista apenas um banco. O sr. Smith, que até agora guardava seu dinheiro embaixo da cama, resolve depositar as economias de sua vida, cem conchas, nesse banco. Naturalmente, o banco quer lucrar, portanto decide emprestar uma parte das conchas do sr. Smith, digamos noventa delas, guardando dez em seus cofres, caso o sr. Smith queira fazer uma pequena retirada. Outro cavalheiro, o sr. Jones, precisa de um empréstimo. Ele vai ao banco e fica satisfeito por receber as noventa conchas do sr. Smith, que acabará tendo que devolver com juros. O sr. Jones leva as conchas e resolve gastá-las em pães, comprados da sra. Padeira. No fim do dia, a sra. Padeira leva suas recém-adquiridas noventa conchas ao banco. Você percebe o que aconteceu? Originalmente, o sr. Smith depositou cem conchas no banco. Agora, além das cem conchas do sr. Smith, o banco tem as noventa conchas da sra. Padeira. Cem conchas se tornaram 190. O dinheiro foi criado. E mais: o banco agora pode emprestar uma parte do depósito da sra. Padeira! O processo pode começar de novo.

É claro que o número físico de conchas não mudou. Se o sr. Smith e a sra. Padeira quisessem suas conchas de volta ao mesmo tempo, o banco estaria em apuros. Porém, isso raramente acontece e, se acontecesse, o banco teria conchas de outro depositante para usar. O problema começa quando o banco empresta 90% das conchas de todos os depositantes. O resultado é que existem apenas 10% de todas as conchas de todas as contas bancárias desse mundo imaginário! Se todos os depositantes quisessem mais de 10% da quantidade total de conchas ao mesmo tempo, o banco quebraria (uma corrida aos bancos) e as pessoas perceberiam que o banco estava *criando* dinheiro imaginário.

Esse sistema pode parecer ridículo, mas é o que acontece hoje, todos os dias, em cada país do mundo. Em vez de um banco, há milhares. Em vez de conchas, temos uma miríade de moedas no mundo. Mas o princípio é o mesmo: a maior parte do dinheiro é criada por empréstimos de bancos privados. Nossa mercadoria mais preciosa não representa nada de valor, e os números em sua conta bancária são, em sua maior parte, a dívida de outra pessoa, financiada indiretamente pela dívida de outra pessoa e assim por diante. E as corridas aos bancos também não são fictícias. A recente crise dos bancos — de Northern Rock, no Reino Unido, a Fannie Mae, nos Estados Unidos — mostra a inerente instabilidade que advém do fato de basearmos nosso sistema financeiro em recursos imaginários. O edifício é construído sobre uma base falsa e, como mostrou o socorro financeiro aos bancos em 2009, em todo o mundo os contribuintes inevitavelmente têm que subsidiar com bilhões de dólares para manter viva essa base falsa, quando o sistema implode.

A DÍVIDA FORÇANDO A COMPETIÇÃO, E NÃO A COOPERAÇÃO

No atual sistema financeiro, se os depósitos ficam nos bancos, os bancos não produzem juros e, portanto, nenhum dinheiro. Por isso, os bancos dão um enorme incentivo a que se encontrem, por todos os meios possíveis, pessoas que queiram pegar dinheiro emprestado. Seja com propaganda, oferecendo taxas de juros artificialmente baixas ou estimulando o consumismo desenfreado, os bancos têm em comum o interesse de emprestar quase todos os seus depósitos. O crédito que isso cria é, na minha opinião, responsável por grande parte da destruição ambiental do planeta, porque nos permite viver bem além de nossos recursos. Cada vez que um banco emite uma nota de crédito para alguém, a Terra e suas futuras gerações recebem uma fatura correspondente.

E parece não haver limite. De acordo com um relatório da Credit Action publicado em 2010, existem hoje 70 milhões de cartões de crédito no Reino Unido; o Reino Unido tem mais "amigos flexíveis" do que pessoas. A média de dívida por família (excluindo financiamentos de casa própria) é de mais de 18 mil libras e, para complicar a situação, no momento em que estou escrevendo este livro a dívida nacional do Reino Unido está aumentando ao ritmo impressionante de 4.385 libras por segundo. A hora de pagá-la — tanto em termos econômicos quanto ecológicos — inevitavelmente chegará. Embora toda essa criação de dinheiro seja excelente para a economia, não é tão boa para as pessoas às quais a economia originalmente pretendia servir. Todo dia, a organização de caridade britânica Citizen's Advice ajuda mais de 9.300 pessoas com dívidas. A cada quatro minutos, uma pessoa é declarada falida ou insolvente, e a cada 11,5 minutos, uma casa tem sua posse retomada.

No fim das contas, o processo de criação de dinheiro significa inevitavelmente o rico ficar mais rico e o pobre ficar mais pobre. Os bancos emprestam dinheiro que, em qualquer medida objetiva, eles não têm e, em cada etapa, acumulam juros e mantêm o direito de retomar a posse de bens reais se os empréstimos não forem pagos. Alguém duvida de que exista uma desigualdade no mundo?

Vamos voltar à nossa cidadezinha. Antigamente, em épocas como a da colheita, era uma prática comum as pessoas ajudarem umas às outras de maneira informal, sem trocas. E as pessoas cooperavam muito mais do que hoje em dia. Essa cooperação lhes dava uma sensação básica de segurança; na verdade, ainda existe uma cultura de colaboração em partes do mundo onde o dinheiro é considerado menos importante. Porém, a busca e o desejo insaciável de dinheiro pelos seres humanos nos incentivou a competir uns com os outros, numa concorrência para ter cada vez mais. Em nossa cidadezinha, a competição substituiu a cooperação que antes prevalecia. Ninguém mais ajudava seus vizinhos a carregar a colheita de graça. Esse novo espírito competitivo foi em parte responsável por muitos problemas da cidade — da sensação de isolamento ao aumento dos suicídios, das doenças mentais e do comportamento antissocial. Contribuiu também para os problemas ambientais, como o esgotamento de recursos e o caos climático que atualmente caminha de mãos dadas com o crescimento econômico desenfreado.

O DINHEIRO SUBSTITUINDO A COMUNIDADE COMO SEGURANÇA

Para a maioria de nós, dinheiro representa segurança. Enquanto tivermos dinheiro no banco, estaremos a salvo. Essa é uma posição precária para se assumir, como atestam países como a Argentina e a Indonésia, que recentemente sofreram com a hiperinflação. O período de *boom* que o mundo viveu no início do século XXI — uma bolha inflada pelos executivos de bancos fortemente pressurizados — foi perfurado. Muitos políticos, economistas e analistas ainda não sabem ao certo o tamanho do furo.

Embora eu não tenha dúvida de que superaremos essa retração e talvez até algumas outras, não será tão fácil lidar com as crises econômicas futuras e nem criar soluções para elas. Tudo porque esses desafios serão consequência de problemas do mundo real. A indústria bancária é instável por natureza, e dois pilares de nossa economia — as indústrias de seguros e petróleo — acabarão sendo fortemente atingidos por suas questões cruciais e urgentes: as mudanças climáticas e o "pico do petróleo".

MUDANÇAS CLIMÁTICAS

Qualquer que seja sua crença em relação aos motivos das mudanças climáticas, é inegável que elas existem. Também é certo que os danos que elas vão causar custarão a alguém uma enorme quantidade de dinheiro. Em 2006, Rolf Tolle, um executivo sênior da Lloyd's of London, advertiu que as empresas de seguros poderão ser extintas se não cuidarem das ameaças que as mudanças climáticas representam para seus negócios. Em última análise, há dois cenários: ou as empresas de seguros continuarão a cobrir os "atos de Deus" (ou, mais precisamente, os "atos da humanidade") e a aumentar drasticamente o preço para se protegerem, ainda correndo o risco de extinção; ou vão parar de cobri-los e as pessoas cujas casas e bens forem destruídos vão pagar a conta, arruinar a economia local e criar uma crise humanitária após a outra.

PICO DO PETRÓLEO

O "pico do petróleo" — um tópico muito vasto — resume-se a um simples fato: toda a nossa civilização se baseia em petróleo. Se você não acredita em mim, dê uma olhada à sua volta, onde quer que você esteja, e tente encontrar alguma coisa que não seja feita de petróleo (lembre-se que o plástico tem o petróleo como base) ou que não tenha sido transportada com o uso de petróleo. O petróleo é um recurso finito. Quando ele acabará é algo passível de discussão, mas o fato é que ele acabará. E mais: mesmo antes de os poços secarem, a especulação empurrará os preços para cima, de modo que o petróleo se tornará cada vez mais inacessível a um número cada vez maior de pessoas. De acordo com Rob Hopkins, fundador da Transition Network, usamos quatro barris de petróleo para cada um que descobrimos, o que significa que já estamos caminhando rapidamente para esse cenário. Para destacar o quanto o petróleo é crucial em nossas vidas, Hopkins acrescenta que o petróleo que utilizamos hoje equivale a ter 22 bilhões de escravos trabalhando duro — três escravos para cada pessoa do mundo. O petróleo é o único motivo pelo qual nós, no Ocidente, podemos levar a vida que levamos; vidas que são insustentáveis em todos os sentidos da palavra.

Pode ser que os governos sejam capazes de socorrer os bancos em épocas como a da crise do crédito em 2008; infelizmente, também estamos nos aproximando do que George Monbiot chama de "crise da natureza". Como ele corretamente explica, a natureza não faz socorros de emergência. Pavan Sukhdev, um economista do Deutsche Bank que conduziu um estudo sobre ecossistemas, relatou que estamos "perdendo todo ano um capital natural que vale algo entre 2 trilhões de dólares e 5 trilhões de dólares, como resultado do desmatamento". As perdas com a crise do crédito causada pelo setor financeiro chegam a algo entre US$1 trilhão e US$1,5 trilhão; pequenas em comparação ao total que perdemos de capital natural a cada ano. Com a economia contraindo e a caminho de um desastre ambiental, o dinheiro continuará a ser visto como segurança? Ou será visto como segurança viver numa comunidade coesa, que reaprendeu sua capacidade de funcionar unida e de compartilhar para um bem comum?

Isso se tornou evidente para mim quando voltei à Irlanda para visitar meus pais, em 2008. Nos seis anos em que estivera fora de minha terra natal, trabalhando no Reino Unido, o país mudara e estava irreconhecível. O crescimento do povo irlandês durante o período econômico conhecido como o de "Tigre Celta" afetara radicalmente sua cultura. Vinte anos antes, quando eu estava crescendo, no fim dos anos 80, era muito diferente. Minhas lembranças eram simbolizadas pela rua onde meus pais vivem. Quando eu morava lá, todos se conheciam; demorava-se 15 minutos para chegar ao fim da rua a caminho da cidade. Na época, apenas uma das oitenta casas tinha telefone. Quando você queria fazer uma ligação, ia até essa casa (que, como todas as outras, tinha sempre a porta aberta), punha algumas moedinhas sobre a mesa e fazia o que geralmente era uma ligação muito importante. Lembro-me de não mais do que cinco carros na rua; se você via um Mercedes, sabia que alguém estava recebendo a visita de parentes vindos do exterior.

Agora, a maioria das pessoas está interessada apenas em aumentar suas propriedades individuais e ascender na carreira. Não importa como será essa subida, contanto que estejam subindo. A rua de que me lembro já não está ali; as portas que ficavam abertas estão todas fechadas.

A EMPRESA PLANETA TERRA

O dinheiro nos permite armazenar riqueza muito facilmente e por muito tempo. Se essa armazenagem fácil fosse perdida, será que ainda teríamos um incentivo para explorar o planeta e todas as espécies que o habitam? Sem nenhuma maneira de "estocar" facilmente os lucros a longo prazo que resultam de receber mais do que precisamos, provavelmente consumiríamos os recursos apenas quando precisássemos deles. Uma pessoa já não conseguiria transformar as árvores de uma floresta em números de uma conta bancária, portanto não teria motivo real para derrubar um hectare de floresta a cada segundo. Faria muito mais sentido manter as árvores na terra até precisarmos delas.

Considere o planeta como um negócio de varejo, em que os gerentes da loja são nossos líderes mundiais. Esses gerentes da empresa Terra têm contratos curtos, de quatro anos, portanto decidem obter o máximo de lucro, o mais rapidamente possível, para terem uma chance maior de renovar seus contratos. Eles resolvem vender algumas caixas registradoras e prateleiras para aumentar um pouco o resultado financeiro do ano e fazer com que o registro de lucros e perdas pareça mais saudável. Funciona. Os acionistas — nós — não se dão ao trabalho de olhar o balanço geral, e os gerentes têm seus contratos renovados. No ano seguinte, a capacidade dos gerentes de ganhar dinheiro diminui devido à redução do número de equipamentos e instalações importantes, e eles têm que fazer a mesma coisa de novo, até perderem todos os bens que tinham. Nesse meio-tempo, os acionistas votaram a favor de reinvestir uma parte muito pequena do lucro, preferindo, em vez disso, comprar bens que duram muito pouco e que têm pouca utilidade prática.

No nosso planeta, acontece exatamente a mesma coisa. No momento, estamos liquidando nossos bens e gastando o lucro em produtos que tendem a ficar obsoletos muito depressa. Essa é uma estratégia de negócio a longo prazo que nenhum empresário responsável recomendaria. Em 2009, Kalle Lasn, fundador da influente revista *Adbusters*, disse:

> *(...) ficamos ricos violando um dos princípios centrais da economia: não deverás vender seu capital e chamar isso de renda. E ao longo dos últimos quarenta anos derrubamos florestas, pescamos em rios e oceanos até a beira da extinção e drenamos o petróleo da Terra como se esta possuísse um suprimento infinito. Vendemos o capital natural do planeta e chamamos isso de renda. E agora a Terra, assim como a economia, está esgotada.*

A DIFERENÇA ENTRE VENDER E DAR

Não me vejo como uma pessoa muito espiritualizada no sentido tradicional. Procuro praticar o que chamo de "espiritualidade aplicada", na qual aplico minhas crenças no mundo físico, em vez de ser algo abstrato sobre o qual eu falo, mas que raramente pratico. Quanto menos discrepância houver entre a cabeça, o coração e as mãos, mais perto você estará de uma vida honesta, acredito. Para mim, o espiritual e o físico são os dois lados da mesma moeda.

Vejo um benefício não físico em viver sem dinheiro. Quando trabalhamos para pessoas — fora o que fazemos para a família e os amigos — quase sempre há uma troca: fazemos algo porque recebemos outra coisa em troca. Acredito que a prostituição está para o sexo assim como comprar e vender estão para dar e receber; no entanto, o espírito com que o ato é realizado é significativamente diferente. Quando você dá livremente, por nenhum outro motivo a não ser o fato de poder tornar a vida de alguém mais agradável, laços são criados, amizades e, no fim das contas, comunidades sólidas. Quando algo é feito simplesmente para obter alguma coisa em troca, esse laço não é criado.

Outra grande motivação é muito mais simples e emocional. Estou cansado. Estou cansado de testemunhar a destruição ambiental que acontece todos os dias e participar dela, ainda que pouco. Estou cansado de dar meu dinheiro ao banco que, por mais ético que alegue ser, busca um crescimento econômico infinito num planeta finito. Estou cansado de ver famílias e terras destruídas no Oriente Médio para que nós, no Ocidente, possamos abastecer nossa vida com energia barata. E quero fazer algo por isso. Quero comunidade, não conflito; quero amizade, não luta. Quero ver as pessoas em paz com o planeta, com nós mesmos e com todas as outras espécies da terra.

COMO TORNAR-SE UM SEM GRANA

Uma coisa é saber os motivos pelos quais deveríamos abrir mão do dinheiro, outra é tentar fazer isso, e outra é conseguir. Em 2007, decidi tentar. Vendi minha amada casa flutuante, ancorada no porto de Bristol, e usei o dinheiro para criar um projeto chamado "Comunidade Freeconomy". Alguns poderiam, compreensivelmente, chamar-me de hipócrita por usar dinheiro numa tentativa de acelerar a morte dele próprio. Porém, vejo o dinheiro da mesma maneira que vejo o petróleo: devemos usá-lo para construir infraestruturas sustentáveis para o futuro.

Eu tinha experiência em regimes de comércio locais, como o LETS e o Timebanks, nos quais as pessoas trocavam habilidades e tempo, em vez de dinheiro. Embora eu achasse que esses esquemas eram uma alternativa realmente positiva para o sistema monetário global, eles ainda tinham um foco nas trocas, e não no ato de dar incondicionalmente. Minha teoria era de que, se você faz parte de uma comunidade grande o bastante, com uma gama de habilidades consideráveis, pode ajudar alguém sem se preocupar com o que a pessoa poderá fazer por você em troca. A segurança estaria no fato de a comunidade estar ali para ajudar qualquer um de seus membros sempre que ele precisar. A pessoa que você ajuda poderá não ajudá-lo nunca, e uma outra pessoa poderá ajudá-lo, embora você nunca a tenha ajudado. A diferença entre isso e o sistema monetário normal é que um usa números numa tela de computador para calcular nosso nível de segurança, enquanto o outro vê a segurança como sendo os laços que inevitavelmente formamos com as pessoas quando fazemos algo apenas por prazer. Um sistema constrói comunidades mais fortes, e o outro constrói muros mais altos.

Usei o dinheiro da venda do barco para pagar um profissional para criar comigo uma estrutura on-line na qual as pessoas poderiam ajudar umas às outras, não para obter ganhos, mas simplesmente por gostarem disso. O objetivo primordial do site era agir como facilitador para permitir às pessoas ajudarem umas às outras de graça, mas a melhor maneira de fazer isso ainda não estava designada. No fim das contas, decidi que compartilhar era o cerne do site; compartilhar significava não apenas que seriam usados menos recursos do mundo, mas que essa também seria uma maneira bastante alternativa de reunir pessoas. Alguma vez você já gostou *menos* de uma pessoa por ela compartilhar algo com você? Pois então. Compartilhar cria laços, reduz o medo e faz as pessoas se sentirem melhor em relação ao mundo em que vivem. A paz só virá quando todas as pequenas interações que ocorrem no mundo todos os dias se tornarem mais harmoniosas. O todo é feito de detalhes.

A Comunidade Freeconomy se tornou um site de compartilhamento de habilidades, ferramentas e espaço destinado a reunir pessoas e permitir a elas ensinarem umas às outras novas habilidades, reunir recursos e, no fim das contas, serem capazes de viver uma vida em que o dinheiro não é o fator principal em tudo o que fazem. Chamei o site de justfortheloveofit.org, por achar que isso resumia o espírito do projeto.* Fiquei impressionado com o sucesso inicial do site. O conceito por trás dele era tão antigo quanto o mundo, mas acho que sua presença na internet lhe deu outra dimensão. Um ano depois, jornalistas estavam usando o termo "Freeconomy" para descrever todo o movimento sem grana.

"SEJA A MUDANÇA"

No início de 2008, senti que estava chegando mais perto de compreender a mudança que eu realmente queria ser. Ao montar um projeto bem-sucedido que permitia às pessoas começarem a fazer a transição para compartilhar suas habilidades, em vez de vendê-las, concluí que, se eu queria que o mundo enfatizasse menos o dinheiro, uma maneira adequada de começar seria tentar viver sem dinheiro, até mesmo para ver se isso era possível.

---

* *Just for the love of it* significa algo como "Só por amor a isso". (*N. do T.*)

Em junho de 2008, decidi que abriria mão do dinheiro por pelo menos um ano e resolvi começar no fim de novembro, no Dia Mundial sem Compras. Quando contei aos meus amigos, eles acharam que eu tinha enlouquecido e me perguntaram por que eu faria algo tão extremo (palavra que passou a ser usada com frequência para se referir a meu modo de vida). Mas o que é "extremo"? Na minha opinião, comprar uma televisão de tela plana por alguns milhares de dólares é extremo. E considerando alguns dos problemas que enfrentaremos no futuro, como as mudanças climáticas e o "pico do petróleo" — que, segundo muitos cientistas importantes, serão extremos —, como podemos esperar que as soluções sejam moderadas?

2

AS REGRAS DO COMPROMISSO

Venho de uma família bastante esportiva e, antes de decidir abrir mão do dinheiro, eu sonhava em ser um jogador de futebol profissional muito rico. O futebol não me ensinou muita coisa relevante para uma vida sem dinheiro, mas me mostrou que todo jogo precisa de regras claras. Antes de fazer qualquer outra coisa, resolvi criar uma série de regras que eu poderia explicar facilmente e que seguiria durante meu ano sem dinheiro.

A maioria daqueles que perguntam sobre as regras dessa experiência se divide em dois grupos. De um lado estão aqueles que se surpreendem por eu chegar a pensar em regras. A lógica deles diz que, se esse jogo é meu e não tenho adversários, então por que não simplesmente fazer o que eu achar correto na hora que quiser? Do outro lado estão aqueles que querem saber a resposta para cada situação concebível em que eu poderia me encontrar.

A lógica do primeiro grupo é meio furada; tenho, sim, dois adversários. O mais assustador deles é meu demônio interno, que inevitavelmente é fraco quando exposto a tentações como uma carona para a cidade numa noite chuvosa de inverno, um gole de uísque com meus amigos em frente à lareira e, é claro, chocolate. Sem regras, sei que em alguns momentos eu cederia e, ao sucumbir, as comportas estariam abertas. Conhecer as próprias fraquezas sempre será uma de suas maiores forças. Eu estava menos preocupado com meu outro adversário: as possíveis críticas. Quando você faz algo como o que eu estava fazendo, tão publicamente, fica exposto a todo tipo de crítica no caso de falhas. Desenvolvi relações muito boas com quase todos os jornalistas com os quais trabalhei; aqueles que tive a sorte de conhecer mostraram bastante integridade e fizemos parcerias mutuamente benéficas. Entretanto, jornalistas são pagos para conseguir boas histórias, e algumas publicações as preferem suculentas. Eu seria muito ingênuo se achasse que todos os produtores e editores do planeta estavam determinados a promover a mensagem da Freeconomy. Um jornal, cujo nome omitirei, realizou uma reunião em que o editor perguntou à sua equipe se devia ou não enviar um jornalista secretamente para ver se conseguia me apanhar gastando ou aceitando dinheiro. Nessa ocasião, aconteceu de eu conhecer uma pessoa que morava com um dos editores presentes na reunião. Quão dispostos eles estavam a criar uma história custe o que custasse, não sei ao certo.

Então quais eram essas regras que ditariam os parâmetros de minha existência durante 12 meses?

1. A PRIMEIRA E FUNDAMENTAL LEI DE "NENHUM DINHEIRO"

Durante um ano inteiro, eu não poderia receber nem gastar dinheiro. Nenhum cheque, nenhum cartão de crédito e nenhuma exceção. Tudo o que eu precisasse ou quisesse nesses 12 meses teria que ser obtido sem dinheiro ou sem seus substitutos. Fechei minha conta no banco, embora soubesse que seria difícil abrir uma nova sem qualquer atividade financeira depois de um ano inteiro sem dinheiro.

2. A LEI DA "NORMALIDADE"

Normalidade não é uma palavra usada com frequência no contexto da minha experiência. A lei da normalidade foi, porém, minha regra mais importante, porque forneceu o apoio intelectual para eu tomar decisões em inúmeras situações em que me vi durante o ano. Sem essa lei, eu não conseguiria realizar minha experiência e viver uma vida relativamente normal.

Se alguém perguntasse se algo fazia parte das regras da experiência, eu perguntaria a mim mesmo: "O que eu normalmente faria?" Tome como exemplo uma das perguntas mais comuns: "Se um amigo quiser preparar o jantar para você uma noite, você aceitará ou terá que trocar por alguma coisa?" Esse tipo de pergunta acaba deixando você um pouco irritado. É claro que não vou fazer uma permuta com um amigo que me oferecer um jantar. Em meu tempo pré-sem-dinheiro, jamais teria me oferecido para pagar ao meu amigo pela comida em meu prato; fazer isso iria contra todas as normas sociais que me ensinaram a acreditar.

Há alguns pontos importantes para esclarecer. Primeiro, se eu oferecesse um jantar ao mesmo amigo duas semanas depois, ou mesmo a qualquer outro amigo, ele não recusaria o convite por pensar que talvez eu não tivesse comida suficiente para sobreviver durante a semana. Essa não seria uma desculpa normal. Além disso, se eu achasse que as pessoas estavam me convidando para jantar com mais frequência do que o normal, por se preocuparem com meu bem-estar, e não simplesmente por quererem passar um tempo comigo, eu recusaria. Segundo, eu pretendia viver "fora da rede" durante um ano. Viver "fora da rede" significava produzir a minha própria energia para iluminar, aquecer, cozinhar e comunicar, e lidar com todos os meus resíduos. Porém, não significava que, se eu estivesse com um amigo e ele acendesse a luz ou pusesse uma música para tocar, eu teria que sair da sala; isso seria ridículo. Consegui um computador portátil e um telefone celular (somente para receber chamadas) com pessoas que já não os queriam; se eu visitasse pessoas longe de casa e precisasse recarregá-los, usaria a eletricidade delas, se não houvesse outra opção, porque era isso que teria feito antes. Da mesma forma, se alguém viesse me visitar e ficasse na minha casa, eu lhe ofereceria a energia solar que produzia. Terceiro, comecei o ano com uma quantidade normal de comida e roupa. Jogar tudo fora na véspera do "ano sem comprar nada" e começar de novo iria contra tudo o que meu ano significava.

Receber é muito importante, porque permite a quem dá ter a experiência de ser generoso e gentil. Sem alguém para receber, não há quem possa dar, e ser capaz de dar é um dos maiores dons que nos é concedido. Porém, também era vital manter intacta a integridade de minha experiência de maneira bastante real e diária.

3. A LEI DA CORRENTE DO BEM

Eu construíra esse conceito em minha cabeça muito antes de um filme de Hollywood com o mesmo título me ajudar a articulá-lo. O filme é sobre uma criança cujo professor pede à turma para ter uma ideia que poderia mudar o mundo para melhor. O menino sugere que, se uma pessoa ajudasse três pessoas em algo importante, confiando que cada uma das três continuaria e ajudaria outras três, e assim *ad infinitum*, então não apenas um bocado de atenção, carinho e amor se espalhariam exponencialmente pelo mundo, como isso acabaria se revertendo e beneficiando a primeira pessoa a ajudar. Provavelmente no exato momento em que ela mais precisasse.

Tentei usar a economia da corrente do bem para substituir o tradicional escambo. Trata-se de dar e receber livremente. No escambo tradicional, as duas partes acertam um "preço" antes de fazerem qualquer trabalho; em seguida, elas fazem o que combinaram até a permuta acontecer totalmente. Para mim, isso não é muito diferente do dinheiro, embora tenha o benefício de ser algo local e, com frequência, envolver coisas que são importantes e mutuamente benéficas. Também cria uma relação mais real. Entretanto, falta uma qualidade espiritual importantíssima: o ato de dar incondicionalmente. Há algo no ato de dar incondicionalmente que transforma as relações e cria laços de uma maneira que o escambo tradicional nunca poderia fazer.

Quando alguém faz algo só por gostar, sem qualquer expectativa de receber alguma coisa em troca, trata-se de algo muito poderoso, sobretudo no século XXI, quando aprendemos a cuidar de nós mesmos antes de qualquer outra coisa. A corrente do bem tem a ver com dar incondicionalmente. A natureza funciona sob esse princípio: a macieira dá seus frutos incondicionalmente, sem pedir dinheiro ou cartão de crédito. Simplesmente dá, acreditando que seu benfeitor espalhará suas sementes pelo campo, dando ao mundo ainda mais maçãs.

Como a corrente do bem se aplica à minha experiência? Nunca faço acordos de antemão com pessoas que ajudo;

apenas ajudo. É uma relação baseada na confiança. Faço acreditando que minhas necessidades serão supridas sempre que eu precisar (e não sempre que eu tiver vontade) de alguma coisa, quer essa ajuda venha da pessoa que ajudei ou de alguém que não conheço, quer essa ajuda venha cinco minutos depois de eu ajudar alguém, ou dois anos depois. Entusiastas dos clichês chamariam isso de "o que vai volta". Acredito que não seja mais complexo do que isso: se você passa um tempo dando amor ao mundo, então é razoável acreditar que você vai se beneficiar de um mundo com mais amor.

A corrente do bem é uma bela teoria, e acredito que, se a praticássemos mais, o mundo seria um lugar muito mais amistoso. Com frequência, temos uma visão muito limitada e estamos envolvidos demais com nossos próprios problemas. Recebemos e acumulamos, mas isso cria, na verdade, uma falsa sensação de segurança e abundância. Dando e compartilhando, todos poderíamos estar numa situação muito melhor material, emocional e espiritualmente. Não apenas teríamos acesso a uma gama maior de recursos materiais, como teríamos uma rede maior de amigos e o calor que provém do ato de fazer alguma coisa apenas porque podemos.

4. A LEI DO RESPEITO

Respeitar a vontade dos outros é uma parte essencial da vida e às vezes envolve compromisso. Embora eu tenha planejado viver fora da rede, inevitavelmente me vi na casa e no local de trabalho de outras pessoas. Se tivesse que fazer o que os ursos fazem na floresta, poderia ter apanhado uma pá, cavado um buraco no quintal e cagado; em outras palavras, teria deixado meus anfitriões completamente chocados.

Entretanto, o objetivo do meu experimento não era incomodar nem afastar completamente os 99% da população que ainda usa dinheiro e o sistema de esgoto; permanecer fiel o tempo todo às minhas crenças teria sido contraproducente. Isso é o que chamo de minha "lei do respeito". Defendi aquilo em que acreditava, mas meu foco está em provocar a mais positiva mudança a longo prazo e levar pessoas comigo nessa viagem, se elas quiserem ir. Se você respeita o estilo de vida de outra pessoa, é muito mais provável que ela respeite o seu.

5. A LEI DE NENHUM COMBUSTÍVEL FÓSSIL NOVO

Logo teremos que fazer uma transição para um mundo sem petróleo; o petróleo é um recurso finito e estamos usando-o de maneira extraordinariamente rápida. Os produtos à base de petróleo não apenas são incrivelmente poluentes como usá-los pressiona os governos a encontrar novas fontes de petróleo; uma pressão que cada vez mais resulta em guerras no mundo.

Eu não queria ser responsável por isso, portanto, durante todo o ano, nenhum combustível fóssil novo seria usado em meu nome. Se alguém quisesse me ajudar oferecendo uma carona por achar que eu estava exausto, eu recusaria educadamente. Eu me permitiria pegar uma carona na estrada, quando o motorista estivesse, afinal, seguindo por aquele caminho. Só aceitaria caronas quando fosse impossível fazer a viagem a pé ou de bicicleta, e muito esporadicamente, já que o objetivo não era passar o ano à custa dos outros. Eu jamais pegaria uma carona para percorrer os 29 quilômetros até Bristol para ver amigos ou conseguir comida ou madeira, mas faria isso para viajar de um país a outro.

6. A LEI DE "NENHUM PRÉ-PAGAMENTO DE CONTAS"

Não paguei antecipadamente nenhuma das contas normais que costumamos acumular, já que eu nem sequer tinha contas, tendo me preparado para ficar completamente fora da rede. Montar minha infraestrutura não foi algo que aconteceu da noite para o dia. Em alguns aspectos, eu havia me preparado a vida inteira. De maneira mais prática, porém, levei seis meses para ficar pronto para o ano, que decidi que começaria em 29 de novembro de 2008, mais conhecido como o Dia Mundial sem Compras ou, sendo o último sábado de novembro, o dia em que começa oficialmente o furor das compras de Natal nos Estados Unidos.

3
PREPARANDO AS BASES

Quando comecei a pensar em viver um ano sem dinheiro, não achei que seria muito difícil. Embora tivesse gostado sempre de ter algum dinheiro extra à minha disposição, minha época de consumismo desenfreado já tinha passado há algum tempo. Entretanto, quanto mais eu começava a explorar o buraco de coelho que é a vida fora do sistema econômico, mais fundo o buraco ficava. Não porque isso em si seja muito difícil, mas porque nas sociedades ocidentais modernas nos tornamos muito condicionados aos nossos confortos e, de maneira mais crítica, perdemos muitas habilidades tradicionais. Os seres humanos viveram sem dinheiro durante muito tempo — mais de 90% do período do *Homo sapiens* no planeta. O problema é que isso se tornou uma espécie de arte perdida.

Uma de minhas primeiras percepções foi de que há uma diferença enorme entre viver com um orçamento muito apertado e não poder gastar um único centavo. O governo do Reino Unido classifica como empobrecida uma família que vive com uma renda 60% menor do que a renda média anual. Em termos oficiais, qualquer coisa abaixo de 5.800 libras é considerada pobreza, e abaixo de 5 mil libras é pobreza gravíssima. Ou algum tipo de inferno na terra. De acordo com dados do governo, 13 milhões de pessoas vivem na pobreza no Reino Unido.

A pobreza é um fenômeno engraçado. É sempre definido financeiramente e sempre relativo ao que outras pessoas ganham. É possível ser extremamente feliz apesar de ter pouco dinheiro e ser classificado oficialmente como atingido pela pobreza. Você também pode ser infeliz ao extremo apesar de ganhar um salário alto. Aqueles que sempre querem mais viverão para sempre na pobreza, independente do que ganham, enquanto os que estão contentes com o que têm sempre acharão que têm em abundância. A maior parte da pobreza no Reino Unido não é material, mas espiritual, um estado de espírito em que a satisfação provém apenas da busca de ganhos materiais. Grande parte da pobreza em lugares como a África deriva da pobreza espiritual do Ocidente, já que instituições como a Organização Mundial do Comércio (OMC) e o Fundo Monetário Internacional (FMI) continuam a lesar nações "em desenvolvimento" com dívidas e restrições destinadas a permitir que governos ocidentais forneçam os produtos extravagantes e a comida barata que nós, como consumidores, procuramos.

Com um pouco de organização, descobri que poderia viver muito facilmente com 5 mil libras por ano, mesmo considerando o aluguel. Os problemas começam quando você não pode usar dinheiro algum, transformando o que em geral seria uma pequena compra em um enorme empreendimento. Vamos dizer que você viva com um pequeno salário de cinquenta libras por semana e que a tinta de sua caneta tenha acabado.

Monetariamente, as canetas são baratas; quase todo mundo pode correr até a loja mais próxima e comprar uma caneta nova por 25 centavos. Sem dinheiro, isso se torna uma probabilidade bem diferente. Não importa que as canetas sejam inacreditavelmente baratas, não importa que custem menos de cinco centavos; sem dinheiro, você simplesmente não pode comprá-las. Em vez de gastar o equivalente a dois minutos do trabalho de quem ganha salário mínimo no Reino Unido, você terá que gastar três quartos do seu dia para fazer uma caneta nova usando cogumelos. Essa é a diferença entre viver com pouco e viver sem dinheiro nenhum. Essa realidade me assustava muito.

DESCONSTRUINDO MEUS HÁBITOS DE CONSUMO

Parecia que jornalistas e repórteres tinham percebido a dimensão de minha experiência muito antes mim. No início, muitas vezes a primeira pergunta que eles faziam era: "Como você vai fazer isso?" Eles esperavam uma declaração curta que pudessem encaixar na entrevista ou no artigo. "Mas como você explica sucintamente como vai viver sem dinheiro durante um ano inteiro?"

Descobri que a melhor resposta para essa pergunta era ser honesto em relação a como eu me preparara. Quando decidi viver sem dinheiro durante um ano, a segunda coisa que fiz, depois de formular minhas regras, foi pegar um caderno de anotações e fazer uma lista de todas as coisas que eu consumia; ali, na hora. Chamei-a de minha lista de "decomposição". Para estruturar meus pensamentos, dividi a lista em comida, energia, aquecimento, transporte, diversão, iluminação, comunicação, leitura, arte e assim por diante. A lista acabou ocupando metade do caderno — e era uma lista de alguém que se considerava um consumidor bastante moderado. Tremi só de pensar na lista que uma celebridade faria. Analisei a lista, tentando descobrir como poderia adquirir todas as coisas das quais normalmente precisava de maneiras que não envolvessem dinheiro. Depois de apenas algumas páginas, ficou claro que a maior parte do trabalho exigiria não mais do que um grau de separação em relação àquilo que eu consumia; ou eu mesmo faria aquilo de que precisava, ou conheceria a pessoa que produzia.

Esse foi um ponto de partida perfeito. Forneceu-me bastantes informações muito úteis com as quais pude tomar decisões. Quantas novas habilidades eu teria que aprender antes ou durante a experiência? Quanto custaria a infraestrutura necessária? Quanto tempo cada atividade exigiria? Como se tratava de um ano para consumir menos e ter uma relação mais íntima com as coisas que permaneciam, a formulação da lista me permitiu estabelecer meu nível básico de subsistência, as coisas sem as quais eu realmente não poderia viver e minhas prioridades em relação ao resto.

Uma das melhores coisas desse processo foi que ele me forçou a perguntar a mim mesmo o quanto cada item era importante. Adoro pão; é um vício profundamente enraizado. O processo de "decomposição" me fez perceber que para ter pão eu precisaria obter meus grãos, levá-los para casa em minha bicicleta (o que sempre demora um pouco mais em estradas movimentadas) e moê-los para transformá-los em farinha, usando um moedor a manivela. Eu teria que fazer o fermento inicial e (para a primeira porção) esperar cinco dias. Durante esses cinco dias teria que fazer um forno a lenha do lado de fora. A essa altura provavelmente estaria cansado demais para comer o pão delicioso que demorara uma semana para preparar.

Eu endosso a ideologia da "permacultura". Permacultura tem a ver com a criação de habitats humanos e sistemas de produção de alimentos elaborando modelos que imitem os padrões naturais. Esses modelos não apenas eliminam quase todo o desperdício economizando muita energia como poupam também um bocado de trabalho. Embora eu não me considere preguiçoso, não acredito em usar mais quilowatts de energia para fazer uma comida do que a energia que essa porção de comida forneceria, caso contrário faria mais sentido deitar e ler um livro. Porém, há sempre um caminho intermediário. O processo de fazer a lista me levou a perceber que, se eu quisesse pão, teria que encontrar outra solução. E encontrei. Decidi que, embora adorasse pão, esse teria que ser um prazer especial. Eu cultivaria os grãos. Isso significa espalhar uma camada de grãos de centeio ao longo de duas bandejas perfuradas e sobrepostas e regá-las duas vezes por dia até os grãos germinarem. Isso demora apenas cinco minutos e, portanto, exige muito menos esforço — para um ganho nutritivo maior — do que fazer o pão. Embora o gosto e o cheiro não sejam muito agradáveis!

Esse é apenas um exemplo de uma lista de centenas. Outro benefício da lista foi que ela me permitiu calcular quanto eu teria que economizar e depois gastar para criar a infraestrutura necessária para tornar esse ano possível. Pode parecer irônico, ou mesmo contraditório, ouvir-me dizendo que tive de economizar e gastar dinheiro para fazer meu ano sem dinheiro acontecer. Mas eu nunca disse que queria que a humanidade parasse de usar dinheiro amanhã, ou que gostaria de ver a espécie humana parando de usar petróleo semana que vem. Por mais que eu fosse adorar ver as duas coisas acontecendo um dia, atualmente isso poderia causar uma catástrofe, porque toda a nossa infraestrutura se baseia na abundância de dinheiro e petróleo. Vejo o dinheiro da mesma maneira que vejo o petróleo: já que insistimos em usá-los, poderíamos pelo menos parar de usá-los para bens e serviços destrutivos ou que não sejam essenciais. Poderíamos começar a usar ambos para construir uma nova infraestrutura que nos permita ser realmente sustentáveis a longo prazo. Para mim, não se trata de revolução, mas sim de evolução, transição e transformação.

Para obter a infraestrutura básica que achei que precisaria para viver sem dinheiro, parecia que eu teria que economizar aproximadamente 1.600 libras em quatro meses e ao mesmo tempo realizar o trabalho necessário para tudo isso acontecer a tempo. Esse cálculo se baseou no fato de eu ter que comprar tudo (como, por exemplo, uma casa) ou novo, ou de melhor qualidade; se fosse de segunda mão. Eu não queria que meu ano fracassasse antes de sequer ter começado. Porém, eu não tinha intenção alguma de comprar tudo. Meu plano era verificar o quanto eu conseguiria de graça usando os restos de outras pessoas, o que estava completamente de acordo com o espírito do projeto. Isso consumiria tempo, mas era possível.

A pesquisa estava completa, e as listas, prontas. Era hora de começar a conseguir todos os itens listados antes do fim de novembro.

MONTANDO MINHA INFRAESTRUTURA

ABRIGO

Quando estamos tentando descobrir o que precisamos para sobreviver, a primeira coisa que pensamos é em nossas necessidades básicas. No alto da lista estava um abrigo.

Quando decidi viver sem dinheiro durante um ano, não tinha a menor ideia de como evitaria pagar aluguel. Sabia que não poderia viver numa casa normal, porque isso implicaria gastar uma quantidade substancial de dinheiro. Eu teria que conseguir algum tipo de abrigo e colocá-lo num lugar onde poderia usá-lo de graça. No início, estava disposto a considerar qualquer coisa — uma barraca, uma iurta, um trailer, uma cabana; eu não me importava. Obviamente uma barraca não seria um bom lugar para passar o inverno, mas eu estava tão determinado a começar que considerei a ideia sério. Em minha lista de "decomposição", eu orçara a moradia em quinhentas libras, o que representa 0,2% do preço médio de uma casa em meu bairro. Com esse dinheiro eu poderia comprar uma barraca incrível, um trailer ridiculamente pequeno ou o lado esquerdo de uma iurta. E eu nem sequer tinha certeza se poderia pagar por isso. Então, certa manhã, resolvi tentar a sorte e postei um anúncio no Freecycle: "PROCURA-SE: qualquer tipo de estrutura para morar — barraca, iurta ou trailer."

Eu incluíra o trailer quase de brincadeira. É possível imaginar minha surpresa quando recebi a resposta de uma mulher que dizia ter um trailer e que ficaria muito feliz em dá-lo a mim. Minha primeira reação foi pensar "é bom demais para ser verdade" e achar que provavelmente o trailer estava um lixo e caindo aos pedaços. Acontece que não era nada disso: tratava-se de um trailer perfeitamente decente que, por ter mais de dez anos, já não tinha permissão para ficar em estacionamentos de trailers. A proprietária não podia vendê-lo sem melhorá-lo mais do que suas condições permitiam, e guardá-lo lhe custava 25 libras por mês. Perguntei o que ela queria de mim para levá-lo. Ela me entregou as chaves com um sorriso no rosto e disse que era meu. Isso foi um grande sucesso: não apenas eu tinha uma casa muito maior, mais quente e mais firme do que esperava, como podia eliminar quinhentas libras da quantia que precisava para me preparar para o ano. Além disso, eu não tivera que comprar algo novo, o que era igualmente importante para mim.

> **CONSEGUINDO COISAS DE GRAÇA**
>
> Existem duas fantásticas ferramentas on-line que conectam pessoas que têm coisas das quais já não precisam com pessoas que poderiam usá-las: o Freecycle (www.freecycle.com), que tem grupos no mundo inteiro, e o Freegle (www.ilovefreegle.org). Esses projetos não apenas mantêm produtos perfeitamente utilizáveis fora dos depósitos de lixo (o Freecycle mantém quatro milhões de toneladas de coisas úteis fora do solo a cada ano), como também reduzem a produção de dióxido de carbono, já que quem os recebe não precisa puxar novos produtos da cadeia de abastecimento; produtos que inevitavelmente contêm muita energia incorporada (a quantidade de energia usada para fabricar o produto e distribuí-lo).
>
> Por meio desses sistemas on-line, as pessoas podem não apenas anunciar coisas que já não querem, como podem pôr anúncios de "procura-se". Se qualquer pessoa desses grupos tiver o que você procura e se dispuser a enviá-lo, ela poderá entrar em contato.
>
> Outra maneira, mais tradicional, de suprir suas necessidades materiais é ir até o depósito local de reciclagem ou vascular sua vizinhança em busca de coisas que as pessoas deixam em frente de casa ou em contêineres. É incrível o que você pode encontrar — muitas coisas que uso estavam destinadas ao aterro sanitário.

Agora que eu tinha minha casa, precisava encontrar um lugar onde pudesse estacioná-la de graça. Em nenhuma cidade o aluguel é barato; algumas semanas antes, eu calculara que meus primeiros sete dias de trabalho de cada mês iam diretamente para a proprietária do lugar onde eu morava. Percebi que agora que, eu não ia pagar aluguel, estaria livre para trabalhar como voluntário em projetos nos quais realmente acreditava e que queria apoiar dedicando meu tempo. Tive uma ideia: por que não trabalhar como voluntário para um projeto que tivesse um terreno onde eu poderia estacionar meu trailer, sem interferir nas atividades do projeto?

Fiz minha lista de possíveis organizações. Uma delas se destacou: a Radford Mill Farm, perto de Bristol. Embora fosse um pouco mais longe de minha cidade do que as outras, era um projeto que eu realmente queria ajudar. Eles precisavam que eu trabalhasse mais dias do que as outras — três dias por semana; o equivalente a ter que trabalhar os primeiros 12 dias de cada mês por um teto sobre minha cabeça. Como um repórter observou, isso era ruim em comparação aos sete dias que eu teria que trabalhar, ganhando um salário mínimo, para pagar pelo aluguel de um quarto em Bristol. Porém, esse era o tipo de pensamento do qual eu estava querendo me afastar. Como parte do acordo com a comunidade de pessoas que administrava a fazenda, concordei em trabalhar nove horas por dia três vezes por semana, embora fosse um acordo flexível e informal. Quando você está fazendo algo que quer fazer, não se importa em fazer um pouco mais quando necessário. Eu ajudaria a cultivar alimentos e a cuidar da terra (em particular, as cercas-vivas), juntamente com tudo mais que é preciso para administrar uma fazenda orgânica, como limpar e fazer compostagem. Como a fazenda tinha quarenta hectares, havia espaço de sobra para eu plantar minha própria comida.

A única dificuldade que tive com minha casa nova é que ela não tinha banheiro. Para resolver esse problema, decidi construir um sanitário compostável. Não é muito diferente da privada normal, exceto que não tem descarga e, portanto, não desperdiça uma grande quantidade de água. Também fornece um fertilizante útil. Há duas maneiras de construir um sanitário compostável: uma delas é passar três dias fazendo uma bela estrutura sobre estacas, que lhe dará bastante conforto e a capacidade de produzir facilmente "adubo humano" (sim, é o que você está pensando!). Trata-se de um adubo muito bom quando feito de maneira correta. Quando está pronto para ser espalhado sobre a terra, as estacas dão acesso fácil aos dejetos compostos. A outra opção é passar meia hora fazendo uma "estrutura reservada" com três estrados e mais dez minutos cavando no chão um buraco com um metro de profundidade e trinta centímetros de largura. Assim, você obtém tanto um banheiro móvel quanto um boxe para tomar banho. Eis como funciona: você defeca no buraco e se limpa usando seu método preferido. Quando termina, joga um pouco da terra que cavou sobre o que produziu, para não criar um aroma desagradável nem atrair ratos e camundongos. Quando o buraco fica cheio, você cava outro e move a estrutura reservada. A estrutura também pode cobri-lo quando você toma banho. Não que eu me importasse, mas havia uma passagem pública bem ao lado do meu trailer e acho que a última coisa que uma pobre pessoa que passeia com o cachorro precisa ver é um irlandês nu tremendo de frio sob uma árvore numa manhã congelada de inverno.

Embora meu sanitário compostável seja motivo de piada para algum amigo que venha me visitar, para mim é um símbolo de tudo que estou tentando fazer. O sanitário compostável representa sanidade e respeito não apenas pelo meio ambiente, mas também pelos outros seres humanos. Acredito realmente que, se não pararmos de poluir os rios que nos dão vida, nada mudará. Só haverá uma mudança quando aprendermos a ter mais respeito pela natureza. Para mim, a privada "normal" representa tudo de insano e destrutivo que existe no mundo. Recebemos água limpa e defecamos nela. As fezes humanas são ótimas para o solo, mas terríveis para o abastecimento de água.

Para tornar a água limpa novamente, construímos grandes usinas de tratamento, enchemos a água de todo tipo de substância química e em seguida a colocamos de volta no sistema. Isso não apenas consome muita energia, como também significa que bebemos água que já foi fezes e que agora tem substâncias químicas. Isso é loucura e mostra perfeitamente como nosso modo de vida atual trata o meio ambiente com desdém.

Durante os anos em que a Índia lutou pacificamente pela independência em relação à Grã-Bretanha, Gandhi usou a roda de fiar como símbolo do movimento. Ele sabia que a verdadeira independência só viria quando a Índia tivesse independência econômica e que a Índia, como nação, precisava obter o direito de ser livre. A recusa do povo indiano a comprar tecidos britânicos e sua decisão de reiniciar sua própria produção levou-os, no fim, à independência.

Agora que eu estabelecera uma relação em que podia ter um teto sobre minha cabeça sem precisar de dinheiro, minha próxima preocupação era como produzir minha própria energia.

ENERGIA

Viver sem dinheiro e fora da rede significava produzir toda a minha energia. Não haveria nenhum botijão de gás, nenhuma bateria disponível e nenhuma ligação com a rede nacional de eletricidade. Se eu não ficasse fora da rede, teria que pagar uma conta ou viver sem energia; nenhuma das duas possibilidades era viável.

Eu queria viver fora da rede há muito tempo, porque acredito que devemos assumir a responsabilidade por cuidar de nossa energia e nossas necessidades de descarte de resíduos. Isso nos faz avaliar melhor o que consumimos. Além disso, é impossível imaginar uma rede que desperdiça mais energia do que a rede nacional. Embora seja ótimo a chaleira pela metade e trocar as lâmpadas por outras que gastam menos energia, essas ações parecem insignificantes quando você considera os problemas maiores e sistêmicos da rede nacional. De acordo com o Greenpeace, "nosso modelo centralizado de produção e transmissão desperdiça impressionantes dois terços do consumo básico de energia, fazendo-nos queimar muito mais combustível e emitir muito mais dióxido de carbono do que o necessário". Dois terços de toda a eletricidade que é produzida e, jogada na rede se perdem antes mesmo de chegar às suas tomadas! Esse é o sistema idiota que os governos estão adotando, e não parece que eles vão fazer muita coisa para mudar isso. Depende de nós, como indivíduos, tomar a frente.

    O nível de facilidade de uma vida fora da rede depende do quanto você tem para gastar. Se você tem 10 mil libras para fazer isso acontecer, é fácil. Mas se seu orçamento é de 350 libras, é muito diferente. O desafio de provar que não é preciso ser rico para viver de maneira mais amistosa com o meio ambiente foi uma enorme motivação para mim. As pessoas sempre me dizem que comida orgânica é apenas para aqueles que podem pagar por ela, mas não é. Se você se preocupa com o que põe em seu organismo, manter substâncias químicas, pesticidas, fertilizantes sintéticos e aditivos fora de nossa comida é mais importante do que ter duzentos canais de televisão. Em 2008, consegui manter uma dieta com 100% de comida orgânica cultivada localmente ganhando um salário mínimo num emprego de meio expediente. No outono daquele ano, essa dieta desencadeou uma bem-sucedida campanha nacional, *Eat the Change*, em que milhares de pessoas em todo o Reino Unido se comprometeram a fazer a mesma coisa durante uma semana inteira.

    Havia algumas coisas básicas de que eu definitivamente precisava: um fogão, algo para aquecer o trailer que utilizasse resíduos locais, uma luz, uma lanterna a dínamo, um chuveiro e uma fonte de energia para o laptop e o celular — minhas "ferramentas de transição" — para que eu pudesse comunicar e documentar o ano. O mais importante obviamente era o fogão; sem ele, eu comeria comida crua o ano inteiro. A primeira ideia que veio à cabeça foi combinar a calefação com o fogão e, consequentemente, usar metade da energia e do esforço. Porém, isso significaria que durante os meses quentes de verão cozinhar minha comida seria o mesmo que me cozinhar ao mesmo tempo. Então, inventei outra solução.

Algumas semanas antes, eu organizara uma oficina com um grande amigo, Chris Adams, como parte da noite Freeskilling, que nosso grupo local da Comunidade Freeconomy realiza toda semana. Nessas noites, um membro da comunidade faz uma demonstração de sua habilidade específica para algo entre 15 e 150 outros membros. Essa oficina tinha sido justamente sobre como fazer um fogão-foguete — um fogão que economiza bastante combustível e que é feito de materiais reciclados. Chris estava prestes a partir para uma viagem pelo mundo e tinha um simpático fogão-foguete do qual não precisaria. Sabendo que o fogão não poderia encontrar um lar onde pudesse ser mais útil, ele gentilmente o ofereceu a mim. Agora eu tinha um teto e um fogão, sendo ambos coisas que outras pessoas não queriam mais, e ambos de graça.

COMO CONSTRUIR UM FOGÃO-FOGUETE

COISAS DE QUE VOCÊ PRECISARÁ:

Duas latas grandes (ou outras latas de tamanho semelhante). Peça numa padaria ou restaurante local;
Um cano do tipo joelho, com no mínimo dez centímetros de diâmetro;

Um par de luvas resistentes;
Material isolante (como vermiculita ou cinzas);

INSTRUÇÕES

1. Corte com cuidado todo o fundo de uma das latas com um abridor, retirando-o. Em seguida, faça um buraco redondo, do tamanho de sua panela, na parte de cima da mesma lata. Não deixe nenhuma ponta afiada na extremidade;
2. Corte toda a parte de cima da outra lata;
3. Faça um buraco, do tamanho do cano na parte da frente da segunda lata;
4. Corte uma pequena fatia do fundo da primeira lata, de modo que você possa encaixar a extremidade do fundo dessa lata sobre a parte de cima da outra;
5. Agora, ponha o cano no buraco e posicione-o para cima, passando pela lata de baixo. Deixe pelo menos cinco centímetros em torno dele livres, para que você possa preencher as laterais com o material isolante. Isso ao mesmo tempo manterá o fogão firme e reduzirá a perda de calor;
6. Ponha a outra lata sobre esta e preencha novamente as laterais com material isolante;
7. Ponha a panela em cima da lata, acenda alguns gravetos no fundo do cano e cozinhe!

Quando você acende a lenha no fundo, isso cria uma chama que sobe pelo cano até o fundo da panela, daí o nome fogão "foguete"!

Figura 1 "Meu fogão!"

Para aquecer o trailer, decidi que uma salamandra, uma espécie de estufa móvel, era a única opção. Eu poderia queimar restos de madeira, o que seria ecologicamente correto. A madeira podre produz metano, um gás do efeito estufa que aquece a atmosfera do planeta vinte vezes mais do que o dióxido de carbono. Isso pode soar estranho, mas é melhor queimar madeira do que deixá-la apodrecer. Isso não quer dizer que você deva limpar o chão da floresta; é melhor procurar madeira em terras improdutivas urbanas, porque a madeira ali não faz parte do ambiente natural. Eu também sabia que poderia aparar árvores no bosque da fazenda, o que faz parte de um bom gerenciamento da terra.

Depois de semanas de pesquisa e investigação, recebi uma dica sobre um cara que morava num prédio local desocupado e que fazia salamandras com botijões de gás reciclados, partes de bicicleta e sucata. Esses prédios desocupados em geral são malvistos, e as pessoas acham que seus invasores são parasitas que em nada contribuem para a sociedade. A realidade é muitas vezes o oposto: as pessoas que vivem nesses prédios antes desocupados geralmente dão as coisas tão de graça quanto as recebem. Minha salamandra é uma prova disso: Gavin, que vim a conhecer, ofereceu-me uma bela salamandra, feita de restos de material, por sessenta libras. Se você considerar que ele levou pouco mais de um dia para fazê-la, foi uma pechincha.

O ideal seria não precisar de nenhuma eletricidade; laptops e celulares não são exatamente necessários à sobrevivência, mas um aspecto importante do meu ano seria comunicar minhas experiências a qualquer pessoa interessada. Você não pode fazer eletricidade com rosas-caninas e urtigas, portanto algum elemento nocivo ao meio ambiente seria inevitável. Eu tinha uma série de opções — energia eólica, solar ou cinética. Só precisava escolher uma opção que minimizasse os danos. No inverno britânico, a energia eólica é a melhor opção, enquanto a energia solar é melhor no verão. A energia cinética é muito trabalhosa em qualquer época do ano, embora tenha o benefício de não depender do clima. O ideal seria ter todas elas; a diversidade é a chave para cobrir todas as eventualidades. Depois de pesar todas as opções, a energia eólica foi minha primeira escolha, mas eu não tinha dinheiro para comprar nada que se adequasse às minhas necessidades. Então, decidi pela energia solar. Tentar encontrar um painel solar de segunda mão é como tentar encontrar um irlandês sóbrio no dia de São Patrício. Agi contra tudo aquilo em que acredito e comprei um painel solar novo, numa liquidação, pela metade do preço: duzentas libras. Há muita energia envolvida na produção desses painéis; os minerais e materiais usados para fazê-los têm que ser extraídos de minas, processados e transportados pelo mundo, portanto eu não estava muito feliz.

Como eu estava a uma boa distância do poste de luz mais próximo — ou mesmo de qualquer luz à noite que não fosse a da lua —, uma lanterna era essencial. Para minha satisfação, encontrei uma lanterna a dínamo — presente de um jornalista — esquecida em minha mochila velha.

Para tomar banho, não havia opção alguma que realmente me animasse. A opção mais fácil era comprar um chuveiro solar. Quando digo fácil, quero dizer que era fácil comprar, porque certamente não seria fácil ficar embaixo dele às sete horas de uma manhã gélida de inverno. Consegui um — mais uma vez novo — por cinco libras, o que parece barato até você perceber que não passa de um saco plástico preto e grosso com uma mangueira embaixo. No verão, porém, é muito eficiente. Você o deixa ao sol durante o dia e, por ser preto, ele absorve o calor do sol. Num dia quente do verão inglês, pode aquecer a água até bem mais de 20^0C. Depois de comprá-lo, me senti um pouco culpado — eu deveria ter feito um. E se tivesse tempo, decidi, faria uma banheira de água quente caso conseguisse uma banheira velha através do Freecycle. Minha água vinha de várias fontes. Para lavar as coisas, eu usava a água do rio, mas para beber usava sobretudo a torneira da fazenda, porque testes feitos por um cientista local tinham mostrado que o rio estava contaminado por vários poluentes. E de vez em quando, depois de uma chuva ou neve prolongada, brotava uma fonte no fundo do vale, que eu usava sempre que podia.

Conseguir minha casa nova e equipá-la para uma vida fora da rede me custara um total de 265 libras, contrariando aqueles que dizem que o ambientalismo é apenas para a classe média alta, que não têm nada melhor para fazer. Admito que tive muita sorte e pouco trabalho para conseguir isso gastando tão pouco. Mas mesmo que gastasse mil libras a mais, ainda assim seria algo ao alcance da maior parte da sociedade ocidental, considerando o quanto todos nós gastamos num único móvel. Agora que a moradia estava tão boa quanto possível, minha próxima prioridade era descobrir como me alimentaria.

COMIDA

No Ocidente, nosso conhecimento sobre qualquer coisa relacionada a comida — cultivar, forragear e talvez até mesmo cozinhar — diminuiu significativamente desde a Segunda Guerra Mundial. A última geração de pessoas que tinham que cultivar alimentos para sobreviver já está idosa. E embora haja um recente interesse em cultivar a própria comida, muita gente hoje não sabe muito bem de onde vem sua comida, antes de chegar ao supermercado. Um grande amigo meu que leva crianças para passeios educacionais em fazendas orgânicas de Bristol, perguntou certa vez a um grupo de crianças de dez anos: "Alguém sabe o que é isso?", apontando para um alecrim numa horta. Vinte segundos depois, uma criança levantou a mão e disse que era carne em conserva. Ela não estava brincando. Pior: ninguém riu. Considerando isso, não seria surpresa se eu lhe dissesse que uma das coisas que as pessoas me perguntam quando ficam sabendo que estou vivendo sem dinheiro é: "O que você come?" Muita gente hoje acha que a comida simplesmente vem do supermercado.

A realidade não poderia estar mais distante da verdade. Para início de conversa, a Mãe Terra não cobra um centavo por suas frutas. O dinheiro é uma invenção nossa, não dela, embora ao ouvir muita gente poderíamos pensar que o dinheiro tem o mesmo status que a água, a comida e o oxigênio. Há comida de graça por toda parte. Você só precisa saber para onde olhar e o que procurar.

A mesa da comida de graça tem quatro pernas. A mais empolgante delas é o ato de forragear, que originalmente significa sair à procura de comida e provisões, embora hoje em dia o termo seja mais usado para o ato de colher e comer alimentos silvestres. Não sou um forrageador muito bom. Não que não goste disso, mas é preciso uma eternidade para aprender, e sou relativamente novato, embora meu conhecimento seja muito maior do que já foi. A necessidade é uma grande educadora, e também tenho sorte o bastante para ter vários amigos forrageadores que me ensinaram a fazer isso. Um deles, Fergus Drennan, que ficou famoso por estrelar o programa *Roadkill Chef*, da BBC, é um dos maiores forrageadores do mundo. E dois vizinhos de meu antigo lote de terra, Andy e Dave Hamilton, são gurus da autossuficiência e coautores de *The Self-Sufficient Bible* [A bíblia da autossuficiência].

Na sociedade moderna, forragear não significa conseguir toda a sua comida na natureza, mas isso pode ser um ótimo suplemento. Em meu mundo ideal, todos nós forragearíamos a maior parte de nossa comida. Considerando, porém, que não restam muitas áreas selvagens e que a população do Reino Unido hoje é de 61 milhões de pessoas, isso não seria suficiente para todos. A comida forrageada é altamente nutritiva; é também vibrante e viva e, portanto, encontrá-la e apanhá-la é muito mais divertido. E mais: toda a experiência é totalmente grátis e qualquer pessoa pode fazer isso, embora eu recomende sempre não comer nada se você não tiver certeza de que é seguro. Novatos devem começar com coisas simples, como maçãs, amoras e urtiga, e aumentar seu conhecimento com o passar do tempo.

A segunda perna da mesa da comida grátis é o que chamo de "forrageamento urbano"; ou, em outras palavras, usar as sobras de outras pessoas. A mídia gosta de retratar isso como fuçar dentro da lata de lixo de alguém, embora a realidade seja bastante diferente. Fuçar realmente tem a sua vez, embora isso esteja se tornando cada vez mais difícil. O problema — o que também é algo ótimo — é que você nunca sabe o que vai conseguir até a hora em que está fuçando. Você pode facilmente sair com um bocado de suprimentos para sua semana, mas, em termos nutricionais, eu não recomendaria comer apenas comida jogada fora. Muito raramente você consegue comida orgânica boa e produtos frescos, e qualquer dieta sem isso não é saudável aos meus olhos, considerando a quantidade de pesticidas à base de petróleo, herbicidas e fertilizantes sintéticos espalhados sobre frutas e verduras cultivados de maneira convencional. Mas fuçar latas de lixo é perfeito para produtos que você não pode cultivar, ou forragear, sem a ajuda da tecnologia e das ferramentas certas. Prefiro desenvolver relações com estabelecimentos que jogam fora alimentos perfeitamente bons por quererem ter a reputação de só vender os produtos mais frescos. Com frequência eles têm que pagar para que essa comida seja removida, e acho que, se você os aborda da maneira correta, eles ficam mais do que felizes por lhe dar os restos. Quando se trata disso, muito poucas pessoas querem jogar fora comida boa, ainda mais considerando que quase metade da população mundial sofre por não ter o suficiente.

As duas pernas restantes da mesa são as duas maneiras de adquirir produtos e grãos frescos, locais, orgânicos sem pagar. A maneira óbvia é você mesmo cultivar alimentos. É extremamente difícil lucrar com o cultivo de comida orgânica numa escala pequena, uma vez que os supermercados alteraram por completo o que o público percebe como preço normal. Os poucos agricultores que fazem isso sem dúvida não o fazem por dinheiro, já que há maneiras muito mais fáceis de ganhar a vida; a maioria o faz porque é apaixonada pelo cultivo de alimentos sem substâncias químicas, respeitando a saúde do solo a longo prazo. Entretanto, não há nada que o impeça de cultivar alimentos. A mim parece insano que um pequeno agricultor deva passar longas horas cultivando alimentos para depois vendê-los por preços de atacado baixíssimos e usar o lucro para comprar sua própria comida por preços de varejo muito maiores.

É mesmo difícil suprir todas as suas necessidades de comida sozinho, a não ser que você faça parte de uma comunidade que cultive e coma a própria comida de maneira comunitária. É aí que entra a última perna: o escambo. O escambo pode ser tanto uma permuta de alimentos, sobretudo no verão, quando muita gente tem alimentos em abundância, quanto uma permuta de habilidades por comida ou por habilidades que você não tem. Gosto de fazer isso informalmente: trabalhar duro para alguém durante o dia e receber uma quantidade de comida não negociada.

Algumas pessoas dizem que isso parece muito arriscado, mas nunca saí me sentindo roubado. Às vezes digo às pessoas que trabalhei o dia inteiro por um saco de aveia de 25 quilos. Geralmente elas acham que sou maluco; é possível comprar o mesmo saco por vinte libras, e eu trabalhei duro durante nove horas. Mas essas pessoas estão pensando de maneira convencional. Acho que precisamos ter mais consciência do custo real da comida. Esses 25 quilos de aveia nunca deveriam custar vinte libras. Se eu tivesse que plantar, tirar o mato da plantação, regar, colher e moer toda essa aveia, levaria mais ou menos sessenta horas. Portanto, troco sessenta horas de trabalho por apenas nove, o que acho que é um grande negócio, assim como a pessoa a quem ajudo. Aí é que está a beleza disso. Essas relações formam laços de amizade mais firmes entre as pessoas, e acredito que podem ter um papel crucial em nossos esforços para reconstruir comunidades em torno da confiança; relações em que a amizade, e não o dinheiro, é vista como uma segurança.

Passei quatro meses construindo relações, fosse com a terra onde vivo, fosse com as pessoas de minha comunidade local. Aprendi onde estavam as melhores latas de lixo, quais eram os estabelecimentos que jogavam comida fora, onde eu podia encontrar alimentos silvestres, quem eu poderia ajudar e algumas das habilidades que eu precisaria para cultivar minha própria comida. A força está na diversidade, e quanto mais fontes de comida você tem, mais chances tem de sobreviver quando uma delas falha.

Porém, como algumas pessoas com as quais construí relações estavam a 29 quilômetros de distância, em minha cidade, meu próximo desafio era estabelecer um meio de transporte para mim.

TRANSPORTE

Há duas formas principais de transporte grátis, embora ambas com frequência tenham custos embutidos. Caminhar é completamente de graça, se você está disposto a andar descalço ou a fazer seus próprios sapatos. Do contrário, assim como a caneta, é bem barato, mas não de graça. Aprendi a fazer chinelos com pneus velhos, sobras de tecido e câmaras de ar de bicicleta: cortei o pneu no formato de meu pé, cobri o pedaço de pneu com algum material confortável, de preferência cânhamo, e usei a câmara de ar para fazer a parte onde ponho os dedos. Caminhar é meu modo de transporte preferido. Hoje em dia, até pedalar parece rápido demais. Quando você caminha, ouve os pássaros cantando, pode examinar as plantas à sua volta e é uma ótima maneira de relaxar e se exercitar. Mas caminhar exige tempo, e resolvi que, a não ser que estivesse adiantado, usaria sempre a bicicleta.

A segunda forma de transporte gratuito possível é a bicicleta. Obviamente, bicicletas são feitas de peças, e se uma delas quebra, você tem que substituí-la ou consertá-la. Isso não quer dizer que necessite de dinheiro; você só precisa conhecer alguém que tenha acesso a peças de bicicleta, o que pode envolver escambo. Consigo minhas peças de bicicleta em duas lojas locais que precisam jogar fora bicicletas inteiras quando uma parte importante está com algum problema, mesmo que o resto da bicicleta esteja perfeitamente bom. Como não podem vender uma peça usada, como, por exemplo, uma pastilha de freio, eles mandam a bicicleta inteira para o aterro sanitário.

Como parte do meu ano incluía usar o lixo de outras pessoas, tive que encontrar uma maneira de carregar coisas na bicicleta. Eu havia orçado em apenas 160 libras tudo que se relacionava a transporte, e não sobrava muito para um reboque. O mais barato que pude encontrar, e que era pequeno e não muito firme, custava oitenta libras. Fui a algumas lojas de bicicletas de segunda mão, onde encontrei um daqueles carrinhos onde os pais costumam carregar os filhos. Custava apenas setenta libras e era um pouco maior do que o reboque. Sabendo que minhas chances de conseguir algum no Freecycle eram poucas, conformei-me e comprei-o. Consegui também um bom alforje impermeável para bicicleta por cinquenta libras. Para os faróis, dínamos que não precisam de baterias; um amigo que hoje em dia morre de medo de pedalar me deu um.

COMUNICAÇÃO

Embora seja ótimo poder se comunicar com as pessoas, ainda mais quando o que você está fazendo pode ser um exemplo para os outros, a comunicação não é exatamente necessária à sobrevivência. Mesmo que me fossem cortadas todas as formas de comunicação, ou a maioria delas, isso não quer dizer que eu não conseguiria viver sem dinheiro; eu só não poderia compartilhar a experiência tão bem.

Duas coisas que mudaram completamente a maneira como vivemos a partir dos anos 1990 são a tecnologia móvel e a internet. Tenho uma relação de amor e ódio com o telefone; para socializar, prefiro simplesmente ligar e ver as pessoas. Mas sabia que se quisesse informar ao mundo sobre meu ano sem dinheiro, provavelmente precisaria de um telefone, pelo menos para as primeiras semanas. A questão era como usar um celular sem dinheiro. Eu tinha um celular pré-pago, sem qualquer contrato ou conta. Mas achei que poderiam cortá-lo se eu não pusesse crédito a cada três meses. Amigos acharam que eu deveria pôr bastante crédito de antemão, mas isso não seria viver sem dinheiro e eu acabaria violando minha regra de "normalidade". Então, não pus crédito algum e esperei que desse certo. Isso significava que eu podia apenas receber chamadas, mas era melhor do que nada.

A fazenda tem uma linha de telefone fixo e se dispunha a me deixar receber telefonemas para entrevistas (estações de rádio não gostam de entrevistas pelo celular, por causa da qualidade de som ruim). Dispunha-se também de bom grado a me deixar dar alguns telefonemas, já que eu estava trabalhando muito. Mas eu achava que gastar o dinheiro deles não deveria fazer parte de minha experiência. A fazenda também tinha algumas redes de internet sem fio na área, que os moradores já usavam. Isso significava que eu podia facilmente me manter em dia com meus compromissos com a Comunidade Freeconomy.

TODO O RESTO

Meu principal objetivo nos dias que precederam meu ano era me certificar de que pensara nos métodos para garantir abrigo, comida, aquecimento, energia, transporte e comunicação, e de que os preparara. Havia muitos outros aspectos da rotina diária sobre os quais eu poderia ter pensado e várias coisas que eu não poderia prever que precisaria. Porém, decidi que teria simplesmente que lidar com tudo o que surgisse. Essa realmente é toda a preparação que você pode fazer, e decidi confiar no velho ditado de que "a necessidade é a mãe da invenção".

Com isso, pus minha lista de lado, relaxei os ombros e resolvi imediatamente reduzir ao máximo o uso de dinheiro, como se fosse um teste para o ano. Achei que seria sábio ter um pouco de prática antes de iniciar o que acabaria se tornando uma experiência bastante pública.

4

VÉSPERA DO "ANO SEM COMPRAR NADA"

UMA SEMANA ANTES

Quando você está se preparando para uma mudança monumental em sua vida, muitas vezes só percebe a realidade algumas semanas antes. Você começa a pensar em como isso vai realmente afetar sua vida, a imaginar por que diabos decidiu se colocar nessa situação e, de vez em quando, inevitavelmente, a perguntar a si mesmo se pode sair dessa.

Só senti isso em momentos de completa exaustão. Decidi iniciar meu ano sem dinheiro realizando o "banquete da comida gratuita da Freeconomy", em Bristol. Meu objetivo era preparar uma refeição grátis, com três pratos e serviço completo, somente com sobras de comida e comida forrageada, para tantas pessoas quanto possível. O problema é que eu já estava bastante estressado com todas as outras coisas que tinha para fazer às vésperas da data de início. E ali estava eu assumindo uma missão gigantesca bem no começo; tornando ainda mais difícil o que já seria um dia atribulado. Decidi também que era uma boa ideia começar a viver a vida sem dinheiro uma semana antes, dando-me ao luxo de fazer um teste, achando que antes da véspera do "Ano sem comprar nada" eu poderia adquirir qualquer elemento de infraestrutura que tivesse esquecido.

Acontece que isso não estava nem perto de ser uma boa ideia. Eu tinha tanta coisa para fazer na cidade naquela semana que era impossível viver a vida lenta do interior. Abandonei meu teste apenas dois dias depois, com esperança de não ter esquecido nada crítico demais. Decidi ficar com Claire na cidade durante o resto da semana, dando a mim mesmo a chance de passar algum tempo com ela em circunstâncias normais, o que achei que era particularmente importante porque estávamos namorando há apenas algumas semanas. Passar alguns dias na cidade foi uma boa ideia; isso me deu algum tempo, afastou um pouco a pressão e me deu uma oportunidade de entrar em contato comigo mesmo. Eu sentia que a enormidade do ano que teria pela frente logo tornaria oportunidades como aquela quase impossíveis. Foi aí que comecei a realmente sentir a pressão, com momentos em que realmente pensei em desistir de tudo e ter uma vida normal, podendo passar algum tempo com os amigos, sair para beber, viajar e talvez até ter alguns dias de folga de vez em quando.

Os preparativos para o banquete gratuito estavam indo razoavelmente bem. Eu conseguira noventa quilos de verduras — prestes a passarem por compostagem — com um atacadista de produtos orgânicos local. O problema é que não tínhamos ideia de quantas pessoas iriam e, considerando que estávamos organizando uma refeição grátis, preparada por chefs como Fergus, havia uma possibilidade de que se tornasse um evento bastante popular. Precisávamos de muito mais comida.

Na noite de quinta-feira, 27 de novembro, eu estava mentalmente exausto. Queria que o ano começasse e queria voltar a viver novamente. Decidi tirar o dia seguinte de folga, pôr em dia a leitura e tentar juntar alguns fios soltos. Ah, e sair para aquela última cerveja.

COMUNICAÇÃO SEM DINHEIRO

Antes de começar meu ano sem dinheiro, me vi diante de uma decisão difícil: usar ou não dois produtos oriundos da industrialização fomentada financeiramente, e que a maioria das pessoas classificaria como luxuosos: um telefone celular e um laptop.

Foi um dilema. Se eu decidisse não usar as ferramentas que me permitiriam comunicar minha experiência ao mundo, correria o risco de ser criticado por fugir, proteger-me e não contribuir de alguma forma para a sociedade. Se as utilizasse também seria criticado, porque estaria falando de dinheiro e industrialização mas usando dois itens que dependiam de ambos, o que poderia ser visto como algo bastante hipócrita. Decidi usá-los. Se usá-los significava que eu poderia fazer com que pelo menos uma pessoa soubesse sobre a vida sem dinheiro, isso, por si só, valia as acusações de hipocrisia.

Comunicar-se sem dinheiro, obviamente, nunca será tão cômodo quanto comunicar-se com dinheiro, mas ainda assim é possível. Comunicar-se com aqueles que vivem perto sempre foi de graça; exige apenas encontrar-se com as pessoas. Achei realmente benéfico ter sido forçado a voltar a essa situação. Porém, como as viagens baratas nos permitem ter familiares e amigos espalhados pelo mundo, temos uma necessidade enorme de comunicação tecnológica.

Para e-mails, há várias opções. Você pode acessá-los de graça na biblioteca local, o que acaba sendo também uma ótima maneira de compartilhar um computador. Se você tem seu próprio computador e acesso à internet, pode usar o Skype (www.skype.com) para fazer "ligações" de graça — de computador para computador — para qualquer outra pessoa no mundo que tenha o programa. Muitos sites (como o www.cbfsms.com) permitem enviar mensagens de texto de graça, mas cuidado com o que você escolhe; alguns deles têm um custo para a pessoa que recebe a mensagem de texto, o que certamente foge do objetivo.

Entretanto, para todas essas opções é preciso ter um computador. Se você sabe montar um, pode encontrar facilmente todas as partes no Freecycle. Quando tiver o hardware configurado, poderá usar o Linux — um software grátis e de código aberto — como sistema operacional e o OpenOffice para suas planilhas eletrônicas, apresentações e processamento de texto. O OpenOffice é compatível com todos os aplicativos do Microsoft Office. O Linux tem ainda o benefício de ser muito seguro, portanto você não precisa pagar caro por um programa de segurança e antivírus.

Se isso não funcionar, pegue dois copos, um pedaço comprido de barbante e...

VÉSPERA DO "ANO SEM COMPRAR NADA", 28 DE NOVEMBRO DE 2008

Ao dar a mim mesmo um dia de folga, eu estava finalmente me sentindo mais relaxado e ansioso pelo dia que viria. Minha programação deveria ser algo como:

7h Acordar, tomar café da manhã e ler um pouco.

9h Encontrar Fergus e seguir em seu carro até o mercado atacadista de comida para ver se conseguimos algumas verduras jogadas fora, para o banquete.

11h Ir à cidade, imprimir folhetos do evento e pegar qualquer coisa para a infraestrutura que achar que ainda é necessária.

13h Almoço.

14h Voltar para a cama para a sesta da tarde e ler um pouco.

17h30 Jantar.

19h Encontrar meus amigos Chris e Suzie para alguns drinques de despedida antes de eles partirem em sua viagem ao redor do mundo por terra e mar.

22h Ir para a cama.

22h01 Ler.

22h02 Dormir.

A vida frequentemente se permite a atitude incômoda de não deixar as coisas seguirem conforme planejado. Em vez de relaxar antes do dia mais bizarro de meus trinta anos neste planeta, meu dia acabou sendo algo assim:

7h Acordo.

7h35 Acordo de novo e desligo o comando soneca de meu telefone. Tomo café da manhã e leio um pouco.

9h Encontro Fergus. Até então tudo bem.

9h30 Descubro que a bateria do carro de Fergus descarregou durante a noite. Merda. Isso não é bom. A pressão sanguínea sobe, a ansiedade aumenta, e a necessidade de se esconder numa cabana no bosque se torna mais forte.

9h35 Percebo que não há possibilidade alguma de conseguir carregar a bateria e chegar ao mercado atacadista antes de fechar, às 11h.

9h50 Como o mercado só reabrirá às cinco da manhã de amanhã, desisto dele por hoje e deixo para conseguir 60% da comida necessária na manhã do banquete. Esta, obviamente, é uma estratégia muito arriscada. Estou ligeiramente ansioso.

10h Volto à casa de Claire para checar meus e-mails.

10h15 Leio o e-mail de uma jornalista com a qual falei naquela semana, dizendo que sua reportagem saiu no *Irish Times*. Leio o artigo; é bem simpático a mim, mas tenho uma terrível sensação do que vai acontecer em seguida.

10h20 Recebo um telefonema da rádio BBC de Bristol perguntando se posso dar uma entrevista ao vivo às oito horas da manhã do dia seguinte. Digo "sim", embora saiba que tenho também que encontrar mais de cem quilos de comida jogada fora, em algum lugar, mais ou menos na mesma hora. Percebo que minha história provavelmente está agora na atualização de notícias da BBC e deixo de lado o livro que pretendia ler.

10h25 O BBC Breakfast News telefona. Será que eu poderia ir até lá para o programa matinal? Eles dizem que pagarão o táxi para Londres, ida e volta. Digo que acho que eles não entenderam a situação. Então eles concordam em enviar um dos caminhões da BBC de Bristol com transmissão via satélite para gravar ao vivo. Digo a eles que já combinei com a rádio BBC de Bristol na mesma hora; eles dizem que cuidarão disso. Por que querem falar com alguém que até então não fez absolutamente nada?

10h30 A rádio BBC de Bristol liga para dizer que posso dar a entrevista usando o mesmo caminhão.

10h35 A agência de notícias South West telefona para saber mais alguns detalhes. Isso é ao mesmo tempo bom e ruim. Significa que minha mensagem terá muita publicidade nos próximos dois dias; significa também que estarei muito ocupado.

10h40 A rádio BBC do País de Gales telefona e pede uma entrevista na manhã seguinte também. Ótimo. Agora tenho que dar três entrevistas *e* encontrar mais de cem quilos de verduras de graça antes das oito horas da primeira manhã de meu ano sem dinheiro. Mas nunca recuso entrevistas, principalmente ao vivo, já que cada uma delas é uma oportunidade de transmitir minha mensagem.

10h45 Minha história está, obviamente, em todas as atualizações de notícias. A Sky News está agora na linha para isso. Querem apenas algumas frases minhas para o site deles, que com frequência alimenta as notícias da homepage do Yahoo. Que bom que o carro de Fergus não estava funcionando.

10h50 Começo a responder a tantos e-mails quanto consigo, mas eles entram mais depressa do que consigo digitar.

10h55 A Newstalk, uma das principais estações de rádio da Irlanda, me liga. Dou uma entrevista. Tudo termina em dez minutos.

11h05 Uma jornalista do *Independent* quer fazer uma reportagem e telefona para saber mais. Ela não para de falar e enquanto isso o telefone de Claire toca sem parar. Foi má ideia dar o número à agência de notícias. Agora tenho dois telefones tocando. Digo à jornalista que preciso ir.

11h15 Alguém telefona para falar sobre a produção de um documentário curto para a TV coreana na semana seguinte. Aparentemente os coreanos enlouqueceram com dinheiro na década anterior e acham que eu daria uma história boa e intelectualmente instigante para seus telespectadores. Provavelmente vão fazer com que eu pareça louco, mas digo sim. Hoje decidi, assim como Danny Wallace (autor de *Yes Man*), dizer "sim" a tudo e ver aonde isso me leva.

Seria um bom dia para me pedirem um empréstimo sem juros por um ano, se eu tivesse algum dinheiro.

11h20 A Sky Radio News telefona para fazer uma entrevista pré-gravada. Digo qualquer coisa sobre meu ano não ser tão radical quanto o fato de toda a mídia pertencer a tão poucas pessoas. Tenho a impressão de que eles não usarão esse trecho.

11h25 Recebo um e-mail de uma agência literária perguntando se quero ser representado. Agora estou gostando. Um de meus objetivos é escrever um livro durante o ano, mas não tive tempo de procurar um agente ou editor. Respondo dizendo "sim, por favor".

11h30 O BBC World Service telefona. Querem fazer uma entrevista hoje à noite, às onze horas. Eu deveria estar dormindo a essa hora. Porém, minha paixão pela mensagem que quero transmitir e minha nova regra "diga sim" me forçam a... dizer sim.

11h40 A RTE (Irlanda) telefona. Posso dar uma entrevista ao vivo à 0h15?

11h41 A BBC Five Live liga para o outro telefone. Peço para ligarem de novo em cinco minutos porque estou na outra linha.

11h45 A BBC Five Live liga de novo. Sim, posso.

12h05 A ITV telefona e pede uma entrevista no café onde vou cozinhar amanhã. Sim, posso.

12h10 A bateria do meu celular descarregou. Ligo-o na tomada. Não poderei fazer isso depois de amanhã.

12h15 A rádio 1 da RTE, versão irlandesa da BBC, telefona para uma entrevista. Uma entrevista muito séria, o que é diferente, portanto concordo com muita satisfação.

12h30 Uma rádio irlandesa, a i105-i107fm, telefona. Pede uma entrevista às 15h20. Cedo. Estou começando a ficar cansado e estressado. Isso está constante demais, preciso de ajuda.

12h40 Outra rádio irlandesa, a Midwest FM, telefona. Querem uma entrevista agora mesmo. Sim. As perguntas são as mesmas na maioria das entrevistas, em grande parte triviais. Estou ficando ligeiramente frustrado.

12h55 Amigos da Irlanda me enviam mensagens de texto dizendo que me viram no jornal e que agora me ouviram no rádio. Que diabo estou fazendo? Esqueci de lhes contar sobre isso. Ih!

13h15 A BBC Five Live liga de novo. Programa diferente; querem fazer uma entrevista e também uma sessão com a participação dos ouvintes com perguntas por telefone, às 21h30, na "noite sem comprar nada". Sim, por que não, eu só pretendia beber alguma coisa com meus amigos depois de um dia de 13 horas cozinhando e recebendo pessoas.

13h30 Dou uma entrevista à Phantom FM na hora. Eu deveria ter comprado um gravador, gravado minha voz respondendo às perguntas que todos fazem e mostrado a gravação a eles.

13h40 O BBC World Service telefona. Querem outra entrevista para outro programa. É às 17h, mas querem que vá ao estúdio, que fica a mais de seis quilômetros da casa de Claire. Digo "sem problema", mas na verdade é um problema. Estou estressado. Já concordei em fazer coisas demais por querer transmitir minha mensagem ao maior número de pessoas possível. Sei que tenho que fazer isso; só não sei se consigo administrar tudo.

13h55 Recebo um telefonema do *Seoige*, um programa da televisão irlandesa sobre estilo de vida. Querem que eu vá à Irlanda logo depois do Natal para falar sobre meu ano e minhas ideias. Isso poderia ser minha passagem para cruzar o mar e uma oportunidade de falar sobre a filosofia por trás de minha experiência aos irlandeses, que são apaixonados por dinheiro.

14h-14h20 Três pequenas estações locais me telefonam para fazer entrevistas rápidas. Embora não tenham milhões de ouvintes, digo "sim" porque os apresentadores são sempre gentis e sempre me apoiam, e esse é um caso um pouco mais pessoal.

14h25 Almoço rápido. Recebo um e-mail dizendo que vou falar durante uma hora num evento sobre permacultura no domingo. É bom receber a informação com tanta antecedência.

14h45 Com Claire, entrando numa van para tentar encontrar alguns grãos destinados a uma lata de lixo. Vamos a uma cooperativa de comida orgânica local. Eles nos dão vinte quilos de polenta, vinte quilos de flocos de aveia, trinta quilos de arroz e dez quilos de cuscuz que estavam com data de validade vencida. Ótimo resultado.

15h20 Entrevista à 105-107 FM do banco do passageiro da van, enquanto procuro por comida fora do prazo de validade. Estou cansado de ouvir minha voz dizendo a mesma coisa repetidamente. Tento soar como se as palavras estivessem acabando de me vir à cabeça, mas é uma luta. Disse a mesma coisa da mesma maneira muitas vezes hoje. Espero não pouco entusiasmado, porque não é assim que estou; estou apenas cansado das mesmas perguntas.

15h45 Volto à casa de meu amigo, pego minha bicicleta e pedalo até a cidade.

16h15 Imprimo os folhetos rapidamente.

16h30 Compro comida pela última vez durante um ano.

16h45 Compro um livro enquanto ainda posso.

16h50 Pedalo até o estúdio da BBC em Bristol.

17h15 Dou uma entrevista ao World Service. Adoro as entrevistas do World Service — eles fazem as perguntas importantes e perdem pouco tempo com trivialidades. É uma pena que eu não tenha podido dar entrevistas a eles o dia inteiro. Foram os primeiros a não me perguntar do que eu iria sentir mais falta.

17h50 Começo a pedalar para casa.

18h05 O pneu de trás fura quando passo por uma área de Bristol que é sinônimo de garrafas de cerveja quebradas. O caminho mais curto nem sempre é o mais rápido.

18h25 Caminho um quilômetro e meio até a casa de Fergus. Estou extremamente preocupado porque forcei a roda de trás da minha bicicleta ao colocar mais de vinte quilos no alforje. Isso não é bom para a câmara de ar.

18h30 Eu e Fergus (no carro dele, que está funcionando de novo) vamos à casa de Claire para jantar. Vou ficar ali em minha última noite de normalidade. O que quer que isso signifique.

19h Ao tentar consertar o pneu furado, solto o descarrilhador traseiro, em vez da roda. Estou morto de cansaço e essa é a última coisa de que precisava.

19h02 Chuto o sofá. Peço desculpas a Claire. Deito no chão completamente exausto.

19h03 Assisto à tentativa de Fergus de consertar o descarrilhador traseiro.

19h10 Digo a Fergus que isso é completamente inútil, porque nenhum de nós tem a menor ideia de como consertar.

19h45 Fergus diz que consertou. Sinto a energia voltar ao meu corpo.

19h47 Abraço Fergus.

20h Ainda abraçando Fergus. Ele luta para se livrar de mim e depois pergunta a que horas é o jantar.

20h05 Testo a bicicleta. Embora o desacarrilhador dianteiro não esteja funcionando, as marchas de trás estão bem. Tenho novamente uma bicicleta que funciona.

20h15 Começo a fazer o jantar. Deixo a comida pela metade, consigo digerir muito pouco, conserto o furo.
21h45 Pedalo até a cidade em minha bicicleta meio destroçada.
22h Encontro meus amigos Chris e Suzie. Compro minha última cerveja e mais duas para eles, e bebemos bem depressa.
22h40 Volto para casa de bicicleta para dar a última entrevista do dia, às 23h.
23h Dou a entrevista ao BBC World Service, edição europeia. Procuro falar o mais devagar possível para um irlandês, já que o inglês não é a primeira língua dos ouvintes. Não tenho certeza se é a minha também.
23h30 Dou os últimos centavos do meu bolso a Claire. Como ela é estudante e logo será a namorada do homem financeiramente mais deficiente do Reino Unido, aceita alegremente.
23h35 Vou para a cama.
23h36 Durmo.
23h36 Sou despertado por uma mensagem de texto de um produtor de uma empresa ganhadora do Oscar. Sem saber disso na hora, respondo algo do tipo "tudo bem, não se preocupe, companheiro, eu lhe dou um toque outra hora." Não é minha jogada mais inteligente.

Como meu último dia "relaxante" acabou, era hora de iniciar o ano em que eu não poderia usar dinheiro. Deitado na cama, eu sabia que ao acordar no dia seguinte a vida teria mudado drasticamente. Era quase impossível não deixar esse pensamento pesar um bocado em minha cabeça. Eu subestimara por completo o interesse do público e da mídia por uma história que ainda não tinha sido escrita e tinha a sensação de que isso ainda aumentaria muito a pressão sobre o que seria um modo de vida com trabalho bastante intenso.

5

O PRIMEIRO DIA

O BANQUETE DA FREECONOMY

Meu primeiro dia sem dinheiro.

Senti como se tivesse demorado uma eternidade para chegar. Durante semanas, quando as pessoas me encontravam, a única coisa que falavam era sobre meu iminente ano sem dinheiro. Isso se tornara exaustivo. Cada frase, não apenas de repórteres, mas também de meus amigos, parecia terminar com um ponto de interrogação. "Por que você está fazendo isso? Como você vai fazer isso? Você vai ficar fedendo?" Eu compreendia completamente e esperava por isso, o que não tornava as coisas nem um pouco mais fáceis. Às vezes eu só queria ter uma conversa normal sobre algo que não fosse dinheiro ou falta de dinheiro. Foi um alívio enfim começar.

Sabendo a quantidade de coisas que tinha para fazer antes das oito marquei o despertador para as 5h30. Geralmente, quando ele toca, deixo-o apitando e vibrando durante muitos minutos antes de sair da cama me arrastando. Dessa vez, acordei como uma bala, disparada não pelo entusiasmo de começar a viver sem dinheiro, mas pela ânsia de conservar ao máximo a bateria do despertador. Foi bom começar como eu pretendia continuar; o ano seria ocupado e ficar mais tempo na cama certamente seria um prazer raro. Uma das sensações mais estranhas era não ter nada nos bolsos, uma vez que eu desistira de usar chaves semanas antes. Resolvera nunca trancar meu trailer, já que queria começar a confiar mais nas pessoas. Para ser franco, não havia, de qualquer modo, muita coisa para roubarem.

A tarefa mais urgente do dia era conseguir o restante das verduras de que precisávamos para a refeição composta por três pratos que seria oferecida a algo entre cem e duzentas pessoas. Eu planejara ir com Claire — que tinha muita experiência em libertar comida boa de latas de lixo — antes de o sol nascer. Mas no momento em que estávamos a ponto de começar, percebi que, considerando as regras que estabelecera para mim mesmo, eu não podia entrar na van. Num ato completamente ridículo, Fergus concordou em fazer para mim o trabalho sujo de queimar combustível junto com Claire. Foi ótimo. Pela primeira vez na vida, defender aquilo em que acreditava me livrou de algum trabalho. Apenas cinco minutos do ano e a experiência já estava afetando meu modo de vida. Isso se revelou uma bênção, porque me deu algum tempo livre para refletir sobre o ano que teria pela frente. Eu estava tão animado quanto ansioso, mas minha intuição era de que me divertiria muito.

O dia pela frente não me incomodava do ponto de vista da sobrevivência, já que eu estaria cercado de toneladas de comida e muita gente. Porém, a ideia de organizar uma refeição composta por três pratos possivelmente para mais de 150 convidados, sem poder gastar nem aceitar um centavo, não me deixava exatamente relaxado. Os desafios do primeiro dia não estavam relacionados à vida sem dinheiro, embora preparar quinhentos pratos seja um pouco mais fácil quando se tem alguns centavos à mão. No mínimo, seria o dia mais fácil do ano, porque eu teria comida em abundância e nem um segundo livre para pensar em comprar alguma coisa. Senti a pressão de organizar o evento aumentando. Eu não queria apenas fazer uma refeição mais ou menos decente para uma grande quantidade de pessoas; queria fazer o banquete mais delicioso a que elas já tinham ido. Um de meus objetivos era mostrar que você pode prosperar, e não apenas sobreviver, sem dinheiro. Se a refeição fosse medíocre, as pessoas ficariam gratas, mas não se sentiriam mais atraídas para uma vida fora do sistema econômico, e isso seria uma oportunidade perdida.

Assim que a equipe do BBC Breakfast chegou, Claire e Fergus voltaram e me disseram que só tinham conseguido uma ameixa. Fiquei arrasado. Eu contara ao mundo sobre o banquete e não tínhamos comida alguma. Então eles abriram as portas de trás da van e revelaram centenas de quilos de verduras e frutas jogados fora. A equipe do BBC Breakfast adorou, porque isso evidenciava a questão seríssima da quantidade de comida que desperdiçamos. Eles pediram que tirássemos tudo da van para usar como pano de fundo para a entrevista. Resolveram que queriam duas entrevistas, sendo a segunda vinte minutos depois do momento em que eu deveria abrir a cozinha e encontrar os voluntários. Eu estava sem dinheiro há apenas algumas horas e começando a sentir a pressão. Aumentei-a rapidamente dizendo a milhões de telespectadores o que estava prestes a tentar fazer. Até mesmo a irmã de Fergus, que não sabia que éramos amigos, enviou uma mensagem para ele dizendo que acabara de ouvir no noticiário sobre um cara de Bristol que ia viver sem dinheiro e achou que ele poderia se interessar. Não havia mesmo como voltar atrás.

A boa notícia era que o número de visitantes do site da Comunidade Freeconomy estava nas alturas, com quatro ou cinco novos membros a cada minuto, graças às entrevistas e ao fato de que o Yahoo pusera a história em sua página de notícias. Por sorte, um programador de sites local, Matt Cantillon, que ingressara na Comunidade Freeconomy meses antes, oferecera-se para hospedar o site de graça. Isso significava que não era necessário dinheiro algum para manter o site funcionando, não importando o quanto o número de acessos aumentasse. Essa não era uma transação de mão única; Matt frequentemente usava o site para encontrar ajuda gratuita para o projeto de resgate de animais que iniciara no ano anterior, e suponho que a hospedagem era a "habilidade" mais útil que ele podia oferecer. Isso resumia perfeitamente o espírito comunitário, e eu e Matt nos tornamos bons amigos durante o ano.

Fergus, Claire e eu chegamos ao local do banquete bem tarde e encontramos os primeiros dez voluntários do grupo Freeconomy de Bristol prontos para começar a preparar e cortar a comida. Juntamos a comida para a chef Corrine Whitman enfrentar uma versão ampliada do programa de televisão *Ready, Steady, Cook*, da BBC. Na televisão, os chefs têm vinte minutos para criar um prato delicioso com ingredientes que nunca viram. Da mesma forma, Corrine não tinha a menor ideia de quais seriam seus ingredientes ao chegar. E tinha apenas seis horas para transformar duas toneladas de alimentos em uma refeição deliciosa para o que seria uma casa lotada, com mais de 150 pessoas.

Embora o trabalho de criar rapidamente várias receitas fosse bastante desafiador naquela dimensão, sobretudo sendo tudo vegano, ela tinha a vantagem de uma grande variedade de ingredientes. A mistura tinha de tudo. De verduras locais, como acelga arco-íris, aipo e couve-rábano, até cogumelos silvestres, como cantarelos; de morrião-dos-passarinhos, nastúrcios e rosas-caninas até uma multiplicidade de alimentos — como quinoa, triguilho e cuscuz — que tinham viajado milhares de quilômetros, vindos de lugares como África do Sul e Nova Zelândia, para acabar nas latas de lixo de Bristol. Acabamos com tanta comida que tivemos que enviar alguns voluntários ao "buraco do urso" — uma grande passagem de pedestres circular onde viciados em drogas e sem-teto frequentemente procuram abrigo — para distribuir comida para o dia inteiro. Corrine, apoiada por um exército crescente de voluntários, trabalhou de forma fantástica e em uma hora tinha potes e panelas com diversas invenções, que incluíam os incríveis cogumelos *blewits* de Fergus e sopa de alho silvestre. Tive que lembrar a mim mesmo que não podia ficar animado demais; minha comida não seria desse nível todos os dias durante os 12 meses seguintes.

O dia correu incrivelmente bem. Pessoas inspiradas se ofereceram como voluntárias de forma inesperada; alguns dos melhores músicos de instrumentos acústicos de Bristol deram um clima à ocasião, e a comida estava maravilhosa. Os convidados tiveram bebidas de graça e serviço completo. Mal podiam acreditar no sabor da comida e, muito gentilmente, nos disseram isso. Andy Hamilton, meu amigo autossuficiente e entusiasta da fabricação de cerveja caseira, chegou trazendo sessenta litros de sua melhor cerveja — feita de aquileia coletada na região e lúpulo cultivado em seu terreno — como um agrado especial aos voluntários. Terminei a última entrevista do dia, ao *Wall Street Journal* — de todas as publicações, um sinal definitivo de que a popularidade do Freeconomy estava aumentando. Exausto e exultante, apanhei um copo da melhor cerveja de Andy.

Ver o trabalho do Freeconomy funcionando tão bem me deu muita confiança e satisfação. Decidi que, se conseguisse completar o ano, faria algo ainda maior no encerramento.

6

A ROTINA SEM GRANA

MINHA PRIMEIRA SEMANA DE POBREZA OFICIAL

Até mesmo uma mudança normal pode ser desestabilizadora; pense em como você se sentiu quando teve que mudar de casa, começar num novo emprego ou fazer qualquer alteração em seu estilo de vida. Você pode imaginar o que é acordar certa manhã e perceber que não pode receber nem gastar um único centavo durante os próximos 364 dias. Quando eu era mais novo, achava que abrir mão de chocolate ou de falar palavrão durante quarenta dias da Quaresma era um verdadeiro esforço. Felizmente, os palavrões eram de graça e eu podia continuar a usá-los o quanto quisesse. Minha criação irlandesa significa que eles tinham um papel importante na hora de expressar tanto euforia quanto desespero. Eu tinha um pressentimento de que o ano pela frente teria muitas dessas emoções.

Na manhã seguinte ao banquete da Freeconomy, acordei às nove horas, o que para mim foi demorar um bocado para me levantar. A adrenalina dos últimos dias estava cobrando seu preço; eu me sentia um pouco frágil e vazio. Comi um pouco de fruta e pão que tinham sobrado do dia anterior e segui para o evento de permacultura, no qual eu falaria. Os últimos dois dias tinham sido um circo. O ano de verdade começava agora. Em vez de estar nos jornais, eu iria me limpar com eles.

A vida sem dinheiro começou tranquilamente, sem nenhuma grande catástrofe nos primeiros dias. Eu sempre achara que as coisas iam ficar cada vez mais difíceis à medida que o ano avançasse. Coisas quebrariam, eu ficaria sem suprimentos, e acidentes aconteceriam. No início, porém, eu ainda tinha um pouco de tudo. Isso era uma coisa boa. Depois de apenas dois dias, percebi que o tempo era minha mercadoria mais preciosa. Primeiro, viver fora da rede consumia muito tempo. Nenhum interruptor para acender a luz, ou tomada para carregar a bateria de meu laptop, era um grande problema. No escuro, eu tinha que segurar a lanterna a dínamo com a boca enquanto enfiava o cabo do carregador automático do laptop no regulador de carga do painel solar. O espaço era tão apertado que muitas vezes eu demorava cinco minutos para plugar direito.

Para complicar minha falta de tempo, na crítica primeira semana passei tempo demais falando com jornalistas, filmando várias coisas e escrevendo e-mails para pessoas que tinham me abordado com perguntas, opiniões e mensagens de apoio. Isso não era nem a vida bucólica da autossuficiência, nem a vida corrida da cidade: era ambas. Justamente quando a poeira começava a baixar, o *Daily Mirror* enviou um repórter para ficar um dia comigo para ver como eu vivia. Foi algo bastante positivo; dez anos antes, esse jornal jamais teria se interessado por alguém que vivia sem dinheiro. De certa maneira, isso simbolizava o quanto o movimento ambiental avançara, embora o colapso do crédito tivesse sem dúvida influenciado a decisão de cobrir a história. O artigo saiu muito bem e foi em sua maior parte positivo, ainda que bastante sensacionalista. Eles me citaram dizendo "Gandhi abriu minha mente, cara", quando na verdade o que eu disse foi "Fui inspirado por Gandhi no passado". Para informar ao público que eu colhia urtigas todo dia para o chá, eles escreveram: "Toda manhã, às 7h15, ele rasteja por um campo de urtigas." Estou vivendo sem dinheiro; não sou maluco!

Quando você dá uma entrevista à BBC, geralmente o *Guardian* e o *Times* vão atrás. Depois do meu espaço de duas páginas no *Mirror* (com anúncios de um supermercado e de uma farmácia embaixo) comecei a receber telefonemas de um setor da mídia com o qual nunca tinha me relacionado. O *Trisha Goddard Show* queria que eu fosse ao programa com Claire, para perguntarem a ela se era terrível ter um relacionamento com um homem que não tinha dinheiro algum. Não me interessei, mas eles não pararam de telefonar até eu dizer que conflito não era o que eu queria e que não importava o que me perguntassem, eu não seria negativo. Depois disso, nunca mais ligaram.

Também recebi ofertas de outras publicações, incluindo uma revista feminina semanal. Pesquisei sobre a revista para ver onde eu estaria me metendo e fiquei chocado com as reportagens, que iam do sensacionalismo (um homem que tentou matar a esposa para ficar com a filha dela) ao absolutamente bizarro. Mas achei que era exatamente com esse tipo de publicação que eu deveria falar. Escrever para revistas como *Ethical Consumer* e *Resurgence* é ótimo, mas há um quê de pregação para os semiconvertidos. Essa revista não era uma mídia escolhida pela classe alternativa.

Blogs e artigos sobre minha experiência pipocaram por toda a internet. Um ou dois anos antes, quando comecei esse caminho, eu teria ficado deslumbrado. Teria achado ótimo cada vez que alguém escrevesse algo positivo, mas teria ficado irritado ou desanimado cada vez que alguém desaprovasse. Agora, não me importava. Há muito tempo eu aceitara que o movimento Freeconomy era algo que as pessoas iriam ou apoiar apaixonadamente, ou ser contra, com muito pouco espaço entre uma coisa e outra. Eu estava preocupado apenas em viver da maneira como de fato acreditava; as pessoas podiam pensar o que quisessem.

É verdade que fico um pouco frustrado quando as pessoas me citam dizendo algo que eu não disse ou quando escrevem mentiras, porque, depois que foi impresso ou foi ao ar, é tarde demais para voltar atrás. Um importante canal de notícias disse que um amigo meu estava pagando minha contribuição à previdência social. Não tenho a menor ideia de onde tiraram isso, mas, até onde eu sei, pagar a contribuição de alguém é impossível. Acho que o mundo da burocracia não funciona assim, e ficaria surpreso se um repórter não soubesse disso. A experiência me fez suspeitar de que só queriam que eu parecesse um parasita.

Foi realmente maravilhoso começar a viver da maneira como eu queria há tanto tempo. Houve pressões de tempo, estresse e muitas questões físicas a serem resolvidas, mas não é assim em qualquer modo de vida? Acho que você se torna uma pessoa mais saudável — mental, física, emocional e espiritualmente — no momento em que começamos a viver da maneira que acreditamos que devemos, qualquer que ela seja. A autodisciplina deve libertar a alma, e não restringi-la. Senti como se um peso enorme tivesse finalmente saído de meus ombros.

MANTENDO-SE LIMPO SEM COSMÉTICOS

A erva-saboeira, um sabão natural, não é uma planta silvestre muito comum hoje em dia, embora seja possível encontrá-la perto de rios, em bosques úmidos e cercas-vivas. Porém, é muito fácil cultivá-la, o que significa que é possível literalmente cultivar seu próprio sabão no quintal.

Pessoas econômicas podem conseguir muitas amostras grátis em lugares onde são vendidos produtos de limpeza, mas não recomendo fazer isso. Embora sejam de graça, essas amostras são mais nocivas ao meio ambiente do que um pacote inteiro.

Você pode fazer como eu e não usar nada. Quando digo isso às pessoas, elas geralmente recuam um pouco. Faço para elas o "teste das axilas" — uma rápida cheirada sob meu braço as tranquiliza de que não é preciso sabonete para ficar limpo. Minha pele está muito mais saudável desde que parei de usar sabonete e, como já não está seca, não preciso usar hidratante. Parei de usar gel para banho muito antes de parar de usar dinheiro, porque percebi que era muito ruim para minha pele e tornava meu cheiro pior, a não ser que eu tomasse banho todos os dias. As mesmas empresas que vendem produtos para lavar o rosto vendem também hidratantes; elas vendem não apenas o produto que retira a umidade e os óleos naturais de sua pele, como aquele que os repõe.

Se você sonha com um corte de cabelo, cheque as vitrines dos salões de cabeleireiros locais. Muitos deles precisam de voluntários para que seus alunos e aprendizes pratiquem. Isso exige uma certa dose de confiança!

UM DIA TÍPICO DE UMA VIDA SEM DINHEIRO

Comecei a encontrar meu ritmo de vida sem dinheiro. No fim da semana, eu tinha uma rotina pequena e simpática. Eu adoro as manhãs, portanto começo o dia às cinco horas, com "a aveia e os juramentos matinais". A aveia é um alimento cultivado na região e que me fortalece fisicamente. Já os juramentos são uma lista de éticas e pensamentos que me fortalecem mentalmente e me põem no estado de espírito certo para o dia.

Viver sem dinheiro significa que já não vou à academia de ginástica. Em vez disso, por volta das 5h20 faço 120 flexões de braço para me aquecer e fazer meu sangue circular. Cheio de energia e armado com minha lanterna a dínamo, parto em busca de algum alimento silvestre. Numa escolha meio maluca, eu decidira iniciar meu ano no início do *hungry gap*, o período do ano em que há poucos alimentos frescos disponíveis na horta. Minhas colheitas silvestres de inverno são geralmente de nêsperas, podagrárias, canabrases, folhas de pinheiro para o chá, folhas de dente-de-leão, urtigas e qualquer cogumelo comestível que eu consiga encontrar. O orelha-de-judeu é o meu preferido; um cogumelo que vai de roxo a marrom-escuro, borrachento e em forma de orelha. Sua textura é fantástica; chamo-o de minha carne vegetal. Cresce principalmente em daias, embora você possa encontrá-lo também em faias e olmos. Meu trailer é cercado de daias, portanto tenho um suprimento razoavelmente constante. A daia também é conhecida como orelha-de-judas; diz a lenda que Judas, o apóstolo que teria traído Jesus por trinta moedas de prata, enforcou-se numa daia. Também colho parte da couve e do brócolis-roxo que cultivo — estes não são silvestres, mas são frescos, deliciosos e essenciais para enfrentar essa época do ano.

Por volta de seis horas, volto para o trailer. Como vivo sem energia elétrica, não posso simplesmente usar a chaleira elétrica, portanto acendo o fogão-foguete. Enquanto vejo o sol começando a surgir no horizonte e ouço os pássaros cantando, fervo as urtigas e coloco a mistura na garrafa térmica para ter chá o dia inteiro. Em seguida, vem a tarefa bem normal de lavar a louça. A parte não muito normal é primeiramente quebrar o gelo da minha pia improvisada do lado de fora. Faz muito frio nessa hora da manhã, nessa época do ano, no vale onde vivo. A água é gélida, mas a vista é estimulante.

Antes de clarear, dou um bom uso ao meu sanitário compostável. Meu modelo não tem assento nem vaso, o que significa que tenho que me agachar. Isso é comum no Oriente, onde esta é considerada a posição ideal para limpar o intestino. É a posição que usamos para defecar durante quase toda a história da humanidade; nossos corpos não evoluíram no mesmo ritmo da tecnologia moderna dos vasos sanitários (se é que se pode chamar os vasos sanitários de tecnologia). Como papel higiênico, encontro um segundo uso para os jornais. Usar jornal não é tão ruim quanto pode parecer; o importante é escolher a publicação certa. Não acho as folhas grandes agradáveis, embora tenham um conteúdo muito melhor de ler. Os tabloides funcionam melhor, e pelo menos, assim, eles têm uma função útil. Não são exatamente como os papéis higiênicos de folha dupla de que eu gostava antes, mas me acostumei com eles muito depressa. O melhor de todos, ironicamente, era o da revista *Trade-It*; tamanho perfeito e textura razoavelmente macia. Meu momento mais divertido foi quando rasguei uma tira do *Daily Mirror* certa manhã e, no momento em que estava prestes a limpar o traseiro, vi minha cara feia olhando diretamente para mim. É desnecessário dizer que continuei; não é sempre que se tem a chance de manifestar tão absoluto desrespeito por si mesmo.

Em seguida, os dentes. Uso uma mistura de sementes de erva-doce silvestre e conchas de moluscos (levados pelas águas às praias britânicas de vez em quando). Essas conchas têm a superfície abrasiva necessária para limpar e se livrar da placa bacteriana, enquanto as sementes de erva-doce deixam seus dentes incrivelmente frescos e matam as bactérias e tudo o que pode levar a problemas nos dentes e nas gengivas. A erva-doce é um ingrediente presente até mesmo nas pastas de dente mais convencionais. Minhas escovas de dente eram de um pacote de mais ou menos setenta unidades que um amigo encontrara na lata de lixo de um supermercado. Estavam perfeitas; aparentemente tinham sido jogadas fora porque a embalagem fora ligeiramente danificada por água. Aceitei-as de bom grado como mais um problema em potencial resolvido.

Raspo meus pelos bem rápido — cabeça e queixo — usando uma navalha, que afio usando o cogumelo polipore das bétulas (conhecido apropriadamente como afiador de navalha), e não uma faixa de couro. Este é um truque vegano que Fergus me ensinou. Encerro a minha higiene pessoal com um banho rápido em meu chuveiro solar. A água é muito gelada, porque é inverno, mas a engenhoca pelo menos permite uma chuveirada. Encho o saco preto com água do rio, para o dia seguinte.

Agora são sete da manhã e é hora de ligar meu computador. Enquanto espero — o que não demora muito, porque uso o Linux — faço mais sessenta flexões e noventa levantamentos sobre a cabeça com um bloco de cimento de 13 quilos. O Freeconomy cresceu tão rapidamente nos últimos dois meses que estou um pouco assoberbado de trabalho. Dedico uma hora a administrar o site e as suas inevitáveis perguntas, e em seguida respondo meus e-mails pessoais. Não posso telefonar, portanto o e-mail é minha segunda forma de comunicação, depois do cara a cara. Após cumprir todas essas responsabilidades, preparo o almoço e o jantar antes de começar a trabalhar na fazenda, às 8h30.

O trabalho na fazenda é bem variado. Num dia, cultivo vegetais, no outro, cuido das cercas-vivas, no seguinte (ironicamente), uso meus conhecimentos de negócios para ajudar a montar um plano de negócios sustentável para a comunidade da fazenda. Faço um intervalo às 11h, durante o qual promovo a noite semanal dedicada a compartilhar habilidades, a "Freeskilling", que organizo com o grupo local da Freeconomy. Numa semana, a noite pode ser sobre pão ou fabricação de cerveja, na seguinte sobre como construir um forno à lenha e, na outra, sobre como fazer um computador. Depois de mais algumas horas de trabalho duro, vou para o trailer almoçar. É uma mistura de alimentos que forrageei de manhã, comida fora da data de validade que tranquei em latas de lixo na noite anterior e produtos orgânicos e veganos locais que troquei por minhas habilidades. Enquanto como, tento escrever alguma coisa — uma coluna, meu blog ou este livro — antes de voltar a trabalhar na terra.

Às 16h30, ligo o fogão-foguete para o jantar. Geralmente cozinho para dois dias, de modo a poupar lenha e tempo. O fogão é extremamente eficiente, portanto como por volta das cinco. Devoro minha refeição numa velocidade muito maior do que gostaria e pedalo até a cidade para uma reunião. Levo meu reboque; embora isso aumente o peso, posso pegar coisas (qualquer coisa, de comida a um aparelho para cozinhar a vapor) em latas de lixo no caminho de volta. A viagem de 29 quilômetros demora mais ou menos 1h10 até a cidade e aproximadamente 1h30 na volta. Para chegar em casa, tenho que pedalar morro acima, e fico mais cansado.

Quando não tenho alguma reunião à noite, passo trinta minutos cortando lenha, um subproduto do trabalho de cuidar da cerca-viva da fazenda. Em seguida, acendo a salamandra usando restos de papel e papelão, um pouco de palha, sílex, um pedaço de aço e gravetos bons. Uma vez acesa a lareira, volto ao computador por duas horas. Faço o possível para dar um passeio silencioso pelos campos, por volta das 21h30, apreciando a tranquilidade, a beleza e a brisa fria da noite que me envolve.

Mais cem flexões e é hora de ler à luz de velas. Minha leitura de dezembro alternou *Deep Economy*, de Bill McKibben; *Walden*, de Henry David Thoreau; e *O profeta*, de Khalil Gibran, um livro que li muitas vezes e com o qual ainda aprendo. Quando não adormeço com a vela queimada até o fim e o livro sobre o rosto, levanto às 23h para um último xixi sobre a pilha de composto, volto para dentro do trailer, contemplo as estrelas intocadas pelas luzes da cidade e caio num sono muito bom e profundo, recarregando meu corpo e minha mente para as 18 horas maravilhosas do dia seguinte.

7

UMA ESTRATÉGIA DE RISCO

O inverno pode ser uma época do ano difícil para muitos de nós, sobretudo aqueles que vivem em países de altitudes mais elevadas, como a Grã-Bretanha. Está escuro quando acordo, escuro antes de ir para o trabalho, e o maravilhoso mundo ao ar livre já não parece tão maravilhoso. Muitas pessoas sofrem, em graus variados, do Distúrbio Afetivo Sazonal, ou apropriadamente SAD* na sigla em inglês, também conhecido como "a tristeza do inverno". E inevitavelmente gastamos mais do nosso dinheiro suado, seja com contas de energia mais altas ou com uma forma de fuga conhecida como compras.

Quando anunciei que iniciaria minha experiência no fim de novembro, quase no início do período mais frio, mais chuvoso

---

* "*Sad*" significa "triste" em inglês (*N. do T.*).

e mais escuro do ano, meus amigos se convenceram de que eu tinha, de fato, enlouquecido. Não era apenas o clima; há também pouquíssimos alimentos silvestres disponíveis entre dezembro e março. Porém, optei por fazer um ano completo, para poder ver como seria passar pelas quatro estações sem dinheiro. Eu tinha que enfrentar o inverno algum dia e achei que seria melhor livrar-me dele no início. Era uma estratégia arriscada; os primeiros meses sempre seriam os de maior teste, e o inverno certamente não os tornaria nem um pouco mais fáceis.

Uma surpresa indesejada foi que aquele calhou de ser — oficialmente — o inverno mais frio desde que eu nascera. Sempre adorei essa estação, mas isso provavelmente por saber que tinha a opção de uma casa aquecida, com fogão e calefação central para quando eu me cansasse da intempérie. Há um motivo para dezembro ser a época mais barata do ano para comprar um trailer, uma iurta ou um caminhão adaptado — ninguém quer viver do lado de fora nessa época do ano. Não apenas eu viveria num barraco como teria que cozinhar, trabalhar, lavar, limpar e esvaziar meu intestino do lado de fora, no rigor de um perfeito inverno britânico.

DIVERSÃO

Acredito que pessoas de países como a Irlanda e o Reino Unido bebam mais álcool do que pessoas de climas mais quentes, principalmente durante o inverno, em grande parte porque muitos pensam que não há muitas outras coisas para fazer nessa época do ano. Era assim que eu justificava o fato de passar intermináveis dias e noites no bar. Meus dias de farra e bebidas tiveram um fim ab-rupto quando deixei a Irlanda, em 2002, e me tornei abstêmio durante alguns anos. Mas eu ainda gostava de encontrar amigos para uma cerveja de vez em quando, nas noites frias e chuvosas do inverno. Íamos a lugares que tinham lareira e bebíamos enquanto filosofávamos, cantávamos ou brigávamos sobre um tabuleiro de xadrez. Ou então eu podia ir ao cinema, assistir a um DVD no laptop (eu me autoimpusera uma proibição de assistir à televisão desde 2003, porque tinha uma tendência a desperdiçar horas assistindo a puro lixo), ouvir música ou chamar um amigo para ir à minha casa.

Uma de minhas primeiras percepções foi de que nada disso seria possível agora, exceto ver os amigos. E mesmo isso seria extremamente difícil vivendo como eu vivia, a 29 quilômetros deles, com apenas uma bicicleta para me transportar e com o dia escurecendo às 16h30. Adoro meus amigos, mas não faria uma viagem de 58 quilômetros ida e volta, sob vento e chuva, subindo e descendo morros, no escuro, para vê-los toda noite.

Eu tentava ir à cidade sempre que possível. Quando ia, ficava com meus amigos Cathy, Eric ou Francene; todos os três apoiavam o que eu estava fazendo. Conhecera Cathy e Eric depois de eles entrarem em contato comigo no site da Freeconomy, e Francene era ex-namorada de Fergus. Por mais que eu afirme que as cidades são inerentemente modelos insustentáveis de vida e que a poluição e o estresse que parecem andar de mãos dadas com elas não são nada saudáveis, admito que adoro Bristol, em grande parte por abrigar algumas pessoas extremamente inspiradoras. Muitas delas estão envolvidas em projetos como o Transition Towns, um movimento cujo objetivo é construir comunidades sólidas, fazendo uma transição de nossa dependência do petróleo para um modo de vida mais sustentável.

Nas primeiras semanas, eu não tinha a menor ideia do que fazer para me divertir. Há muito tempo me acostumara ao modo de vida da cidade, em que tudo que podemos imaginar está na vitrine de uma loja esperando nós, com uma etiqueta de preço fixada. Sentia-me isolado morando no interior, e o transporte público era terrível. Não que eu pudesse usar ônibus, mas também era difícil para meus amigos irem ao trailer durante o inverno, já que nenhum deles gosta de pedalar como eu. Minha segunda percepção resolveu esse problema: de todo modo, não haveria muito tempo livre!

PROBLEMAS DE PNEU FURADO

Querer encontrar meus amigos sempre que possível significava que eu estava acumulando quilometragem em minha bicicleta. E como eu não estabelecera uma rotina de coleta de lixo boa e eficiente, logo estava percorrendo uma média superior a cem quilômetros por semana. Embora grande parte disso fosse no interior, parecia que assim que eu entrava na cidade um pneu furava. Nunca há um momento bom para isso, mas às nove horas de uma noite de inverno fria e chuvosa, depois de um dia fisicamente duro, é ainda menos prazeroso. Em três semanas, eu usara os poucos remendos que tinha antes de iniciar meu ano, e comprar um novo kit para conserto de pneus não era uma opção. Tentei reforçar os pneus com um linóleo velho, para que objetos afiados não os perfurassem, mas os pedacinhos de linóleo que se soltaram só serviram para aumentar o problema.

Em busca de uma alternativa, deparei-me com uma empresa, a Green Tyres, que fazia pneus que não furavam. Eles usavam energia solar em sua produção e selecionavam os funcionários entre pessoas que estavam há muito tempo desempregadas. Admirei de verdade o espírito da empresa e o fato de seus produtos impedirem que muitos recursos fossem usados para novas câmaras de ar e kits de conserto. Escrevi sobre eles no blog, para que aqueles que usavam dinheiro pudessem se beneficiar, mesmo que eu não pudesse. A diretora da Green Tyres, Sue Marshall, ficou tão agradecida que me mandou um e-mail dizendo que estava me enviando alguns pneus pelo correio. Esta não era uma solução que eu tivesse considerado antes, mas foi um grande lembrete de que, se você confia na vida e dá sem pensar em receber, o que quer que você necessita aparece em seu caminho quando você precisa. Foi uma sorte, já que eu estava a apenas um remendo de ter que caminhar durante um ano!

A VIDA "LENTA"

Parecia que tudo demorava mais. Lavar as roupas, por exemplo. Antes, eu juntava as roupas que precisavam ser lavadas, jogava-as na máquina, retirava-as quando a lavagem terminava e as esticava no varal: fácil. Agora, não mais. Antes de começar a lavagem, eu tinha que fazer meu próprio sabão. Primeiro, rebocava na traseira da bicicleta madeira jogada fora na cidade, para fazer o fogo. Em seguida, acendia o fogão-foguete para ferver um pouco de água, na qual jogava um pouco de caroços de saboeiro (*sapindus mukkorossi*, uma planta nativa do Nepal), "forrageados" numa loja ecológica que fechara. Eu fervia os caroços por cerca de meia hora — alimentando constantemente o fogão-foguete com caixas de verduras velhas e quebradas — e pronto! Agora tinha um pouco de detergente. Não era um detergente qualquer: não apenas limpava tão bem quanto as marcas de supermercado como era muito mais favorável ao meio ambiente e com certeza não era testado em animais. Sem ter como esquentar uma grande quantidade de água, eu punha as roupas e o detergente numa pequena pia improvisada, com um pouco de água bem gelada, esfregava durante quarenta minutos, enxaguava por vinte minutos e torcia as roupas o máximo possível antes de pendurá-las para secar. No inverno, as roupas podem demorar dias, quando não uma semana inteira, para secar do lado de fora.

LIVROS E PAPÉIS DE GRAÇA

Ler e escrever são duas de minhas maneiras favoritas de passar o tempo, sobretudo em frente a uma lareira no inverno, quando o vento e a chuva estão batendo em meu trailer. Felizmente, não é preciso dinheiro para nenhuma das duas.

Para livros, a biblioteca é a opção óbvia. Aqueles que vivem em áreas rurais talvez recebam a visita de uma biblioteca móvel. Porém, nem todo mundo acha uma biblioteca o ideal. É preciso devolver o livro dentro de um determinado tempo, do contrário paga-se uma multa, e nem todo mundo consegue ler no tempo estabelecido. E a biblioteca pode não ter o livro que desejamos (embora seja possível pedir para encomendá-lo), ainda mais em cidades pequenas e vilas.

Sites como o ReaditSwapit (www.readitswapit.co.uk) e o BookHopper (www.bookhopper.com) permitem trocar livros que já não queremos por livros que gostaríamos de ler.

Também organizei noites de troca de livros; uma versão off-line dos sites, com a vantagem de ser muito mais pessoal. Você pode se livrar de livros que não quer, conseguir alguns que quer e conhecer pessoas ao mesmo tempo! Se você quer algo completamente diferente, pegue um livro no Book Crossing (www.bookcrossing.com) — vou deixar você checar por si mesmo essa pequena preciosidade!

Como papéis para escrever, uso antigos recibos de caixas registradoras de uma loja da cidade; eles são ótimos para deixar bilhetes e iriam para o lixo se não fossem usados. Você também pode fazer tinta e papel perfeitamente bons usando cogumelos.

Não só a lavagem de roupas exigia um tempo extra; tudo exigia. Fazer uma xícara de chá demorava mais ou menos vinte minutos. Decidi que às vezes era mais agradável simplesmente não beber chá. Ir ao banheiro era também algo que consumia tempo. Primeiro, eu tinha que me certificar de que a área estava livre; não queria incomodar pessoas locais que poderiam chegar perto do meu banheiro compostável, exatamente quando minha calça estivesse na altura das nádegas. Além disso, o buraco no chão inevitavelmente parecia ficar cheio bem na hora errada e eu tinha que passar dez minutos — com o traseiro trincado — cavando um buraco do tamanho da minha perna, enquanto rezava para não haver nenhum acidente e eu ter que recomeçar todo o processo de lavar as roupas.

Quando esfriava, eu não podia ligar o aquecimento central. Tinha que cortar lenha, catar gravetos, encontrar papéis e acender o fogo. Depois, demorava mais trinta minutos para o trailer ficar aquecido. Infelizmente, não há um cronômetro na lareira. Tudo isso parece um pesadelo, mas estou errado ao retratar as coisas assim. Há muitos benefícios ambientais nesse estilo de vida, e acredito que eles superam os inconvenientes:

Tempo para lavar a roupa com dinheiro: 10 minutos. Tempo para lavar a roupa sem dinheiro: 2h15.
Água usada para lavar a roupa na máquina: 100 litros. Água usada para lavar a roupa com as mãos: 12 litros.
Água usada numa descarga de vaso sanitário todos os dias, por pessoa (de acordo com a American Water Works Association Research): 70 litros. Água usada num sanitário compostável todos os dias, por pessoa: 0 litro.

Se as pessoas do Reino Unido conseguissem fazer uma transição para os sanitários compostáveis, não apenas economizaríamos 2 bilhões de litros de água por dia (dados do Waterwise) como também teríamos uma grande quantidade de um adubo excelente para devolver ao solo o que tiramos dele.

Conta de energia média de uma família durante o inverno: 400 libras (mais do que custa toda a minha casa sustentável!).

> Minha conta de energia mensal: 0 libra. (Essa diferença corresponde a duas semanas de folga durante o inverno para uma pessoa que ganha salário mínimo).

Descobri que eu não tinha nada parecido com um possível equilíbrio entre vida profissional, vida social e vida privada. Tinha apenas vida. Em vez de fazer um curso noturno pago com dinheiro que ganhava num emprego normal, meu aprendizado vinha da convivência com a natureza. Passei a conhecer os sons dos pássaros locais e aprendi mais sobre os esquilos ao observá-los do que poderia aprender na internet. Percebi que os cogumelos orelha-de-judeu têm uma preferência por daias e que há uma grande diferença entre queimar madeira de daias e queimar carvalho.

Meus momentos preferidos eram quando chovia forte. Eu ouvia a chuva batendo no telhado com real admiração pelo abrigo que me mantinha seco e me protegia e pela árvore que me fornecia a madeira que agora me mantinha aquecido. Sem falar em minha gratidão ao cara que fez a salamandra. Esse tipo de gratidão aumenta quando você está mais perto da natureza e das coisas que usa; quanto mais níveis de separação você tem, menos as valoriza.

Por causa do que estava fazendo e da exposição que estava tendo, eu escrevia muito. Durante anos sonhara em viver com a natureza; anos em que reclamara de nunca conseguir o lugar certo para pensar, ler e escrever. Sentado em frente à lareira, observando as brasas brilhando e vendo o luar se infiltrar por entre as árvores, era perfeito. Meus pensamentos ficavam mais claros, e eu escrevia artigos na metade do tempo que teria levado na cidade.

Nem tudo se resumia a natureza e a lidar com minha talvez inevitável sensação de isolamento. Havia noites de cinema grátis na cidade, e na maioria das semanas eu ia ao Freeskilling. Essas ocasiões eram muito divertidas e informativas, e me davam uma sensação real de fazer algo em conjunto. Eram também uma maneira excelente de as pessoas locais — que não podiam pagar dez libras ou mais por uma oficina — aprenderem as habilidades tradicionais que precisariam para um futuro sustentável. Através do Freeskilling, fazia muitos novos amigos toda semana e ao mesmo tempo aprendia novas habilidades. Depois de uma sessão, muitas vezes íamos para a casa de alguém e divagávamos até altas horas sobre o que tínhamos aprendido e como queríamos colocar aquilo em prática. Organizei aquelas sessões com dois membros locais do Freeconomy, Lucy e Amanda, e nos tornamos bons amigos muito depressa. Embora nenhuma das duas tivesse qualquer inclinação para viver sem dinheiro, ambas eram apaixonadas por compartilhar habilidades e pela necessidade de reconstruir nossas comunidades, que se desintegravam através do compartilhamento dos recursos. O entusiasmo e a energia delas foi uma grande fonte de inspiração.

Viver uma vida lenta definitivamente consome mais tempo, mas eu preferia consumi-lo dessa maneira do que assistindo a um reality show na televisão. Se quisermos ser verdadeiramente sustentáveis a longo prazo, acredito que é isso que precisamos fazer. As conveniências modernas que aprendemos a amar, as máquinas de lavar, as lavadoras de pratos e os carros vêm de uma sociedade industrializada, com a poluição e a destruição ambiental andando de mãos dadas com ela. Se eu realmente não acreditasse nisso, não arrumaria tantos problemas para mim mesmo.

Minha única frustração, suponho, era que, compreensivelmente, as pessoas à minha volta não haviam aprendido a reconhecer o quanto essa vida exigia mais da minha energia e do meu tempo. Elas esperavam que eu vivesse a vida rápida juntamente com a vida lenta, que fosse a encontros na cidade duas ou três vezes por semana e fizesse todas as coisas que tinha que fazer. Às vezes eu desejava que elas pudessem trocar de lugar comigo só por alguns dias. Mas eu fizera minha escolha; de nada adiantava ficar lamentando a situação.

8

NATAL SEM GRANA

O Natal começou como uma celebração do nascimento de Jesus de Nazaré, um homem que, segundo registros históricos, passou os últimos anos de sua vida pregando a simplicidade. E para algumas pessoas isso ainda vale. Para a maioria das pessoas da sociedade ocidental, porém, o Natal se tornou algo muito distante do que era originalmente. O período festivo virou a época de compras mais importante do ano para a maioria dos varejistas. De acordo com a Deloitte, em 2008, o britânico médio gastou 655 libras em presentes, em comida e socializando. Isso representa mais de 36 bilhões de libras para a nação — e 39% do total foi por crédito. Dados da ONU mostram que, durante os 12 dias do Natal de 2008, 207.360 crianças (o equivalente à população de uma cidade pequena) morreram de fome no mundo.

O que era tradicionalmente uma época para relaxar com a família e os amigos tornou-se aos poucos uma enorme fonte de estresse para muitas pessoas. De acordo com o *Daily Telegraph*, 8 de janeiro é o dia mais movimentado do ano para advogados especializados em divórcio. A Mind, principal organização de caridade para saúde mental no Reino Unido, diz que 25% das pessoas sofrem de depressão logo depois do Natal, a maioria devido à ressaca financeira que se segue. Em muitos sentidos, essa é uma festa cara.

Devido à grande pressão — aplicada sutilmente por meio de enormes campanhas publicitárias — para comprar os maiores e melhores presentes de Natal para a família e os amigos, muitos questionaram a ideia de ficar sem dinheiro no exato momento do ano em que todas as outras pessoas parecem não conseguir gastar o bastante. Realmente parecia um pouco estranho, mas, para ser franco, não comprar presentes era algo que realmente não me incomodava; meus amigos adultos sabiam o que eu pretendia fazer e não esperavam nada. E acho que o fato de eu ter exigido que eles, por sua vez, não comprassem nada para mim assegurou a eles que eu não estava brincando de Tio Patinhas. Eu estava preocupado com meus sobrinhos, mas decidi que seria uma boa chance de explicar a eles por que o tio Mark não era gentil e generoso como o Papai Noel (que, por ser um cara que viaja o mundo usando um trenó e renas, certamente tem alguma pegada de carbono).

O que me incomodava era a ideia de não ir para casa e passar o Natal com as pessoas que amo. Minha família ia para a casa de parentes quase todos os anos, que eu me lembre, e meus pais adoravam que nos reuníssemos no Natal. Será que levar o que eu considerava uma vida ética significava que eu teria que deixar minha mãe chateada?

Minha maior esperança estava num telefonema que eu recebera de um programa de televisão da Irlanda no primeiro dia louco do meu ano. Queriam que eu fosse lá para ser entrevistado para um programa diurno de estilo de vida, *Seoige*, apresentado por Gráinne Seoige, eleita a mulher mais sexy da Irlanda. Seria um escambo sofisticado. Os convidados do programa em geral eram generosamente pagos por seus dez minutos de trabalho, mas essa não era uma opção para mim, portanto recusei educadamente. Eles também me ofereceram voos de ida e volta, além de trens e ônibus internos. Em 2006, eu jurara nunca mais andar de avião, portanto disse a eles que, se fosse, seria de balsa. E como um de meus princípios era aceitar apenas o que eu precisava para viver, e nada mais, eu achava que até mesmo uma passagem de trem ou ônibus seria demais.

Durante a maior parte de dezembro, *Seoige* foi meramente uma possibilidade. Minha outra ideia era pedalar até Fishguard (o terminal de balsa para a Irlanda mais próximo), pegar uma carona com um motorista de caminhão e pedalar até o noroeste. Mas hoje em dia poucos motoristas de caminhão dão carona, devido a complicações com seguros. Quanto mais eu considerava essa opção, mais difícil ela parecia. Fazer isso com dinheiro já seria difícil o bastante; sem dinheiro seria perigoso nessa época do ano.

O Natal se aproximava, e eu não tinha qualquer solução concreta para me reunir com meus pais em casa. Estava cada vez mais frustrado com os limites que aquele estilo de vida estava me impondo. Mas justamente quando pensei que aquilo não ia dar certo, recebi um telefonema da RTE dizendo que queriam minha presença no programa e que me mandariam as passagens de ida e volta por e-mail. Era a solução para meu único verdadeiro obstáculo: cruzar o mar da Irlanda. Eu tinha bastante confiança de que poderia lidar com todo o resto sem dinheiro, mas teria que nadar muito para atravessar aquele mar. Decidi pegar carona durante toda a viagem por estradas, de Bristol até o noroeste da Irlanda. Se tivesse sorte, levaria dois dias; se não, provavelmente passaria o Natal caminhando numa estrada deserta, sem comida ou abrigo. Eu não tinha sequer um telefone que funcionasse; sem crédito, não podia receber chamadas vindas de fora do Reino Unido.

Eu não tinha muito tempo para me preparar. A comida era a principal questão; decidi que devia coletar e conseguir o suficiente para três dias. Você nunca sabe quanto tempo vai demorar para pegar uma carona — às vezes, espera horas (embora isso nunca tenha acontecido comigo). A viagem para Fishguard era de apenas quatro horas, mas eu sabia que precisava chegar lá antes de o sol se pôr, o que aconteceria por volta das 16h30. Pegar carona à noite é difícil e às vezes um pouco perigoso, dependendo do tipo de estrada em que você estiver. Às vezes você é deixado na fronteira errada de uma cidade. Essa era a pior situação; significaria caminhar quilômetros, com uma mochila pesada e sem um mapa, para chegar ao próximo ponto de carona.

Comecei numa hora boa do dia 23 de dezembro, saindo às 10h30 para pegar a balsa em Fishguard às duas da manhã seguinte. Iniciar minha viagem um dia antes da véspera do Natal foi uma experiência interessante. Antes de partir, imaginei se o antigo espírito natalino prevaleceria. Será que todos que me vissem iriam querer me ajudar ou estariam estressados e ocupados demais até mesmo para enxergar um caroneiro na beira da estrada?

Minha experiência com caronas me diz que você precisa ter a postura certa. Quando sua linguagem corporal transmite confiança, abertura, otimismo e jovialidade, pegar carona é uma brincadeira de criança. Quando você está um pouco fora do clima, parece que ninguém quer saber. Entrei na onda, abri um sorriso e caí na estrada. Não foi difícil, porque adoro a aventura de pegar carona. De ônibus ou de trem você sabe que vai embarcar em A e saltar em B, e raramente conversa com alguém durante o percurso; pegando carona, você nunca sabe o que vai acontecer. Se consegue superar a incerteza, isso realmente traz uma dose de animação para a viagem.

DICAS PARA PEGAR CARONA

Localização, localização, localização. Um bom lugar faz a diferença entre esperar cinco minutos ou duas horas. Encontre um lugar onde você pode ser visto facilmente, onde o trânsito está fluindo a menos de setenta quilômetros por hora e onde um carro tem tempo e espaço suficientes para parar no acostamento com segurança. Nenhum motorista arriscará a vida para apanhá-lo.

Pareça feliz. Poucas pessoas querem compartilhar o carro com alguém que pareça desesperado! Sorria e seja simpático.

Use uma roupa clara. Isso também ajuda você a parecer limpo e amigável. Tenha roupas que combinem com todo tipo de clima.

Limite a bagagem ao mínimo.

Saiba qual é o seu percurso. Saiba quais são as estradas que você tem que tomar e evite vias expressas; é ilegal e difícil pegar carona nelas, na maioria dos países. Algumas pessoas gostam de usar um cartaz indicando o destino, mas não me importo com isso.

Confie em seus instintos. Se você tiver uma sensação estranha antes de entrar no carro de alguém, peça desculpas educadamente e não entre. Mas não seja temeroso demais — pego caronas desde que era criança e nunca tive qualquer problema, embora haja questões a serem consideradas dependendo do sexo da pessoa.

Não fique desanimado. Não se deixe desanimar pelos carros que passam sem parar e não critique os motoristas que fazem isso. Uma atitude positiva é vital para você conseguir chegar aonde quer ir!

Em muitos aspectos, pegar carona é uma boa metáfora para a vida!

Meu pensamento positivo pareceu funcionar e cheguei a Fishgard em menos de cinco horas, um tempo não muito maior do que se estivesse dirigindo um carro. Porém, isso me deixou com aproximadamente 12 horas para passar no terminal de balsas vazio. Enquanto estava sentado ali, sozinho, imaginei como o aeroporto estaria movimentado e o impacto que os voos baratos tinham sobre as balsas. A boa notícia era que eu tinha a metade de um dia para ler, tinha esperado muito por isso. A má notícia era que estava muito frio. Havia uma sala de televisão, onde a calefação era ligada automaticamente quando cruzava-se a porta. Mas eu era a única pessoa ali, e minhas regras autoimpostas me diziam que eu não podia ficar ali dentro, porque os aquecedores funcionariam apenas para mim. Passei o dia inteiro olhando para a porta, sabendo muito bem que, se entrasse, meu corpo poderia degelar. Momentos como esse me faziam imaginar se eu estava levando as coisas longe demais; então, visualizei o nível do mar subindo em países baixos, como as Maldivas, e voltei a ler meu livro.

Um atendente do terminal veio me avisar sobre a sala aquecida e chegou a entrar e ligar a televisão. Quando fiquei onde estava e ele perguntou por quê, eu não soube o que dizer. Se lhe dissesse o motivo real — que não entrava por causa das mudanças climáticas —, será que ele me acharia louco ou teria respeitado minha opinião? Arrogantemente, não lhe dei a chance, mas resmunguei que estava bastante confortável onde estava e agradeci a oferta. Ele partiu me olhando com curiosidade. Por volta da meia-noite, outro passageiro chegou e entrou diretamente na sala de luxo. O som dos dez aquecedores elétricos sendo ligados foi logo seguido por meus passos naquela direção; convenci a mim mesmo de que, se a calefação estaria ligada de um modo ou de outro, eu também poderia aproveitá-la ao máximo.

Dormi mais ou menos trinta minutos durante a viagem de 3h30 até Rosslare. Na balsa, tive alguns problemas com a água potável. Eu tinha suposto que conseguiria água no bar ou nos banheiros, portanto não me importei em encher minha garrafa. Foi uma suposição falsa; um dos cozinheiros do restaurante me advertiu que a água da torneira estava longe de ser potável, porque era cheia de substâncias químicas que a eram usadas para limpá-la. Eu tinha morado num barco, portanto deveria ter me lembrado disso. Já levemente desidratado, tive que tentar pegar carona sem água, sabendo que poderia demorar pelo menos cinco horas para encontrar um lugar onde pudesse reabastecer minha garrafa.

Era véspera de Natal e eu tinha aproximadamente 12 horas para ir do ponto mais extremo do sudoeste da Irlanda até o litoral bem ao noroeste; cerca de 480 quilômetros. Na via expressa — a rota usada pela maioria dos motoristas que viajam grandes distâncias — isso normalmente demoraria aproximadamente 6h30. O problema é que eu não podia me arriscar a seguir pela rota da via expressa. É ilegal pegar carona nessas vias; você não pode desembarcar nelas, e as estradas curtas que dão acesso a elas são sempre imprevisíveis. Portanto, tive que ir para estradas menores, o que significava que teria que pegar um monte de pequenas caronas.

Saí às pressas do porto para tentar ficar à frente dos carros e acabei correndo quase dois quilômetros para chegar a um bom lugar. Rosslare é uma cidade muito quieta — depois que os carros deixam as balsas, não passa muita coisa por ali. Minha balsa era a última antes do Natal; se eu perdesse esse movimento de saída das barcas, teria problemas. Mas estava com sorte; um motorista de caminhão me levou alguns quilômetros adiante na estrada, até um excelente local, e saltei. E essa sorte continuou durante o dia inteiro — o tempo máximo que esperei por uma carona foi de, mais ou menos, dez minutos.

Às 15h30, eu estava batendo à porta da casa dos meus pais, para completa surpresa de minha mãe, que achou que eu não conseguiria percorrer todo o caminho antes do Natal. Eu levara pouco menos de nove horas para ir de Rosslare até ali — mais ou menos o mesmo tempo que levaria se tivesse um carro e tivesse feito algumas paradas. A humanidade aparentemente tem um lado positivo sobre o qual não ouvimos falar com muita frequência. Entre Bristol e Donegal, Irlanda, eu peguei 15 caronas ao todo. Comparados a um voo barato, os resultados variam.

	Tempo	Custo	Aventura	Conforto
Bristol — Donegal (com dinheiro)	8 horas	55 libras (voo) 25 libras(ônibus)	Pouca	Muito
Bristol — Donegal (sem dinheiro)	29 horas	0 libra	Muita	Pouco

Esse quadro conta uma história por si só: será que nós, como espécie, trocamos a aventura pela conveniência?

Foi realmente fascinante ver os tipos de pessoas que me deram carona. Todas elas tinham carros comuns, o que me fez questionar se quanto mais riqueza você acumula, menos quer compartilhar. A maioria delas disse que pegava carona quando era mais jovem, portanto havia uma clara empatia. Pelas histórias que contaram, eu poderia dizer que algumas gostariam de voltar para a estrada e sentir de novo a aventura de pegar carona; em alguns casos, parecia que ter um carro era algo que lhes era imposto. Embora todas as vezes houvesse apenas uma pessoa no carro, o grupo era bastante diverso. Contrariando a opinião popular, eram na maioria mulheres (aproximadamente três de cada quatro caronas que peguei foram de mulheres).

Uma delas, que acabara de terminar o turno da noite e enfrentava oitenta quilômetros ao volante para chegar em casa, me contou que sempre apanhava caroneiros quando os via, para se manter acordada, e que, em dez anos, nunca tivera um problema.

Um incidente, que realmente me deixou encantado, aconteceu depois de eu sair de um carro e perceber que deixara para trás minha garrafa de água que enchera pouco tempo antes. Era meu único recipiente de água e eu não bebera muito nas últimas 12 horas. Sem ela, teria que procurar uma garrafa plástica numa lata de lixo e enchê-la no banheiro de algum lugar. Uma hora e outra carona depois, o cara do carro em que eu esquecera a garrafa apareceu. Ele passou quarenta minutos me procurando para me devolver a garrafa. Eu lhe dissera que estava vivendo sem dinheiro, e ele supôs que a garrafa era muito importante para mim. Esse cara me disse que acabara de passar dois anos na prisão por causa de uma briga em frente a uma boate. E ali estava ele, fazendo todo o possível para garantir que um completo estranho tivesse sua garrafa de água. Isso reforçou minha crença de que não existem pessoas "boas" ou "más"; cada um de nós é tão capaz de realizar grandes atos de gentileza e generosidade quanto de causar danos. Nosso desafio, como seres humanos em evolução, é maximizar os primeiros e minimizar os últimos.

Outro cara tinha me ouvido falar no rádio algumas semanas antes, quando dirigia exatamente no mesmo trecho da estrada em que me deu carona. Estava fascinado com aquilo tudo e me convidou para ficar em sua casa, em Waterford, no litoral sul, para que eu o ajudasse a construir sua casa nova. Prometi que, se tivesse outra oportunidade de ir à Irlanda dentro de um ano, aceitaria sua oferta. Todos que me deram carona eram pessoas extremamente interessantes à sua maneira, cada um deles com uma história para contar e um grande conhecimento sobre sua área. Em quase todos os casos, nos despedimos depois de aprender alguma coisa um com o outro.

UM NATAL SEM GRANA...

Agora que eu estava em casa, era hora de pensar em como passar um Natal inteiro sem comprar absolutamente nada. Meus amigos gostam de uma cerveja nas épocas mais quietas do ano, mas no Natal eles entornam mais ainda. Aquele Natal tinha uma atração a mais: meu grande amigo Barry ia se casar, e sua despedida de solteiro fora marcada para 27 de dezembro. Isso significava — obviamente — que uma tradicional bebedeira irlandesa estava prestes a acontecer.

Em meus tempos com dinheiro, eu era — assim como quase todos os outros irlandeses — um dos primeiros do bar a comprar uma rodada de cerveja preta para a turma. Como seria uma despedida de solteiro, meu instinto irlandês me dizia para comprar para todos uma caneca da melhor cerveja e uma dose dupla de tequila. Você pode imaginar meu desconforto ao ter que ir a um bar em plena despedida de solteiro, sabendo que não podia comprar uma bebida sequer para mim. Os caras foram ótimos; só que me senti um pouco fora de tudo aquilo. Eles tentaram me fazer beber, embora eu recusasse repetidamente, tentando argumentar que a ideia não era passar o ano à custa dos outros. Foi um esforço desperdiçado. Antes que me desse conta, Marty, meu melhor amigo desde que eu tinha seis anos de idade, colocou três canecas de cidra orgânica na minha frente e disse que eu poderia retribuir o favor falando sobre ele no programa de Gráinne Seoige. Eu estava trocando cerveja por credibilidade.

À medida que a noite avançou, fiquei ainda mais sem jeito. Ao sairmos do bar, os caras disseram que pagariam meu táxi, e o noivo disse que pagaria para eu entrar na boate. Eu tinha que impor um limite àquilo, mas não podia vencer. Não queria ficar à custa deles, mas queria ir e comemorar com meu amigo. Em retrospecto, acho que fiz a opção mais covarde. Fui para casa, pondo meu desejo de não ser visto como um parasita acima da última oportunidade de passar uma noite com meu amigo enquanto ele ainda era um homem livre.

Não era a primeira vez que eu me encontrava em uma situação social embaraçosa como aquela; já passara por algumas em Bristol. Sempre que estava com amigos, eles começavam com aquela conversa: "Posso lhe pagar um drinque?" Quando eu respondia que não, eles continuavam tentando. Se eu finalmente aceitasse, eles diziam: "Ah, sim, você não vai pagar um, mas vai deixar que paguem para você!", e eu dizia novamente que não. Foram poucas as exceções, e embora isso fosse sempre uma brincadeira, meu ego masculino hiperativo não gostava nem um pouco. A despedida de solteiro foi talvez a situação mais extrema e a única vez em que senti que tomara a decisão errada.

Acordar no dia de Natal foi estranho. Eu havia sido realmente um bom menino o ano inteiro e esperava que Papai Noel me trouxesse o mais novo aparelho de videogame, sem esquecer os painéis solares. Mas acordei e não tinha ganhado nada. Foi completamente revigorante. Antes, dávamos uns aos outros as coisas mais desnecessárias e desinteressantes que você pode imaginar, fingindo empolgação, enquanto retirávamos camadas de papéis e descobríamos mais um par de meias ou um massageador elétrico para os pés.

Toda a minha família é católica; meu tio é um padre que faz um trabalho excelente na comunidade, portanto sempre fazemos uma prece de agradecimento antes de comermos. Essa é uma prática que adoro por nenhum outro motivo além do fato de fazer com que todos pensem de onde vem a comida que comem. Embora todas as outras pessoas tenham feito uma ceia normal (peru, carne e batatas assadas como prato principal, seguidos rapidamente de gelatina, pudim, creme de ovos e bolo), eu comi minha própria comidinha humilde, separada. Foi exatamente o mesmo jantar que eu tivera nas quatro semanas anteriores; em sua maior parte, comida que eu trouxera comigo, juntamente com alguns tubérculos cozidos no vapor que minha mãe e meu pai tinham recebido de um agricultor de alimentos orgânicos local. Havia um bocado de couve-de-bruxelas, portanto fiquei felicíssimo.

Tenho muita sorte por ter uma família compreensiva. Meus parentes fizeram de tudo para me acomodar, embora eu realmente não precisasse de muita acomodação. Para muitas famílias, eu seria o filho complicado, sempre criando incômodos. Mas eu estava cercado de pessoas que me amavam e me apoiavam. O melhor daquele Natal foi que passei bastante tempo com meus pais e tivemos bons momentos juntos. Em outros anos, eu teria gastado bastante dinheiro, ou para conseguir uma ressaca, ou nas liquidações de janeiro, fazendo o que você faz quando tem uma renda disponível. O fato de eu não ter dinheiro me forçou a fazer coisas simples. Todo dia, passávamos duas ou três horas caminhando no litoral, jogando frescobol ou passeando no bosque. Às vezes, ficávamos sentados, conversando ou jogando cartas. Isso era normal na Irlanda de trinta anos antes, mas está se tornando mais estranho num país mordido pelo Tigre Celta.

Tomar banho na Irlanda foi um desafio. Eu deixara meu chuveiro solar em casa, mas, para ser franco, não me importava. Não era muito útil no inverno, embora fosse uma maneira de borrifar água sobre mim, mesmo que esta estivesse a ponto de congelar. Ali, parecia que minha melhor opção era o oceano Atlântico, mas isso não era algo que eu quisesse fazer todo dia, considerando que aquele era um dos Natais mais frios de que eu conseguia me lembrar.

Na primeira semana, simplesmente não tomei banho. Depois, como estávamos chegando ao ano-novo, o tempo do recomeço, decidi que deveria começar com o pé direito e fui à praia. O frio estava congelante, como se espera de um Natal na Irlanda. Entrar na água era mais difícil do que estar dentro dela. Tive que fazer alguns exercícios primeiro, para me aquecer o bastante antes de tirar a roupa e correr a toda velocidade para o mar, sabendo que a melhor opção seria mergulhar na hora. É mais fácil falar do que fazer. A água estava acima do meu traseiro quando pulei dentro dela. Mas foi surpreendentemente bom e muito mais revigorante do que um banho quente. A água parecia incrivelmente limpa sobre minha pele, e o sol brilhava num céu azul, fazendo o possível para combater a brisa gelada que vinha do oeste. Os morros e as montanhas verdes dos arredores convergiam para a praia. Eu não podia imaginar uma banheira mais pitoresca e bonita. Era fria e não muito conveniente, mas o cenário e a sensação de estar na natureza compensavam muito. Acho que trocamos essa experiência de exposição pelo conforto. Ficamos, nas palavras de Roger Waters, do Pink Floyd, "confortavelmente entorpecidos".

Não comprar algo não é muito bom para a economia, independente do quanto possa ser mais saudável para o corpo. Você nunca verá um anúncio numa revista dizendo isso. Verá um modelo com o qual um dia poderá se parecer somente se comprar o produto que ele tem nas mãos. É difícil deletar da mente das pessoas anos de propaganda financiada por muitos milhões de libras. Quando eu dizia às pessoas que no inverno só tomava banho uma vez por semana, sem sabonete, elas contraíam o rosto, diziam "ooohhh" e perguntavam: "Você não se sente sujo e fedorento?" Eu explicava que o sabonete era absolutamente desnecessário, mas minha explicação caía em ouvidos chocados.

Se você não quiser usar sabonete ou tomar banho com muita frequência, meu outro conselho é se tornar vegano, com uma dieta à base de comida fresca, produzida organicamente. O suor não é mais do que uma água salgada quando você é saudável; agora, se você puser lixo em seu corpo, vai ficar cheirando a lixo. Desde que parei de comer carne e laticínios (duas coisas que têm esse efeito), notei uma enorme diferença em meu cheiro natural. Evite ou reduza as duas coisas se quiser começar a deixar de usar sabonete. Ser vegano significa também não precisar lavar minha louça com detergente, já que esse líquido é necessário apenas quando você lava louça que provavelmente tem bactérias como salmonela e campilobactéria. De acordo com a Agência de Padrão Alimentar britânica, o aumento das infecções por essas bactérias se deve, em parte, às terríveis condições em que mantemos e matamos os animais.

TRANSPORTE DE BAIXO IMPACTO

O transporte já não é visto como um luxo absoluto. Dependemos dele para ir ao trabalho, para ver familiares e amigos espalhados pelo mundo e para comer. O transporte é responsável por 21% das emissões de dióxido de carbono no Reino Unido, por isso é importante encontrarmos soluções — e logo — se quisermos impedir o grave caos climático.

Algumas dessas soluções já estão disponíveis. Organizações britânicas como a Liftshare (www.liftshare.com) e a Carshare (www.carshare.com) permitem a pessoas que estão fazendo o mesmo percurso viajar juntas. É como uma carona organizada on-line, o que a torna mais segura e menos incerta.

Outros projetos também ajudam, como o City Car Club. Trata-se trata de um sistema de "pague quando usar", que torna o ato de dirigir muito mais barato e reduz o número de carros fabricados, já que várias pessoas podem compartilhar um carro, usando-o apenas quando necessário. E se você se oferece para compartilhar sua viagem, pode ajudar o meio ambiente ainda mais.

Pegar carona está se tornando algo do passado, o que acho muito triste. Uma vez a cada geração uma pessoa é morta ao pegar carona. A mídia faz sensacionalismo em cima disso, e todo mundo deixa de pegar carona por muito tempo. Pegar carona é uma ótima aventura; você conhece pessoas incríveis, com muito conhecimento local e às vezes decide ir a lugares aonde nunca pretendera ir. Minhas viagens favoritas sempre incluíram meu polegar erguido.

Acho caminhar e pedalar as formas de transporte mais relaxantes. São exercícios naturais e ainda por cima economizam a mensalidade da academia. Tenho amigos que vão de carro para a academia, sobem numa bicicleta ergométrica, pedalam durante 45 minutos e voltam de carro para casa! Digo a eles que deveriam economizar o dinheiro da academia, o custo do combustível, o seguro do carro e ir e voltar de bicicleta, sem entrar na academia!

Duas organizações que tornam as caminhadas e pedaladas muito mais divertidas, seguras e agradáveis são a Ramblers Association (www.ramblers.org.uk) e a SUSTRANS (www.sustrans.org.uk).

VÉSPERA DE ANO-NOVO

Consumir o máximo de álcool humanamente possível é sinônimo de 31 de dezembro na maior parte do mundo ocidental. Na Irlanda, aliás, isso não se limita ao humanamente possível.

Até então, a véspera de ano-novo tinha sido assim: acordar, tomar um café da manhã rápido, telefonar para os amigos, ir para o bar, convencer o proprietário de que eu não era um policial disfarçado e começar a beber às dez horas. Isso acontecia, porém, quando eu tinha dinheiro. Esse ano teria que ser diferente. Até mesmo os bares fuleiros pareciam cobrar uma taxa de entrada na véspera do ano-novo, e os ingressos para as boates mais baratas custavam a partir de vinte libras, com bebidas a preços bem elevados. Para mim isso era irrelevante; eu não podia pagar para olhar para o barman, que dirá para pedir uma bebida. Até meus pais estavam indo festejar. Meus amigos saíram, como sempre, mas, para evitar a confusão mental da despedida de solteiro, fiquei em casa. Quando 2008 se foi, eu estava deitado na cama escrevendo o início deste livro.

Foi uma bênção disfarçada. Dessa vez, comecei meu ano sem me sentir como se alguém tivesse drenado cada mililitro de água do meu corpo, prendido minha cabeça num grampo e batido repetidamente na parte de trás do crânio com um taco de borracha. Fui a uma praia deserta para fazer uma caminhada maravilhosa com meus pais de manhã cedo, ansiando pelo ano, em vez de desejar que alguém usasse um serrote enferrujado para desconectar minha cabeça do resto do corpo. Decidi que era assim que eu passaria a noite de ano-novo de agora em diante, com ou sem dinheiro.

Normalmente, no dia de ano-novo eu me levantava e escrevia uma lista do tamanho da minha perna com as coisas que eu resolvia fazer (ou não fazer) no ano que começava. Mas do que eu poderia desistir que já não tivesse desistido? Não restava muita coisa. Comida? Água? Oxigênio? Esperança? Para conservar essa última, decidi suspender as resoluções. Chega!

VOLTANDO PARA UMA CAIXA DE GELO

O Natal passou antes que eu me desse conta e era hora de voltar para Bristol. Dessa vez, a viagem teve que ser interrompida para eu cumprir minha parte do negócio, falar ao *Seoige* sobre minhas experiências até então. E foi uma pechincha para eles: eu não podia aceitar corridas de táxi e nem mesmo a comida deles; não era comida vegana, que dirá orgânica ou local.

A entrevista correu bem, embora eu tenha percebido que Gráinne, a apresentadora, não era alguém que me apoiasse muito. Tudo bem, eu não podia culpá-la. Ela passara metade de sua vida subindo em sua carreira na televisão até conseguir ganhar muito dinheiro. Pode ter parecido que eu estava dizendo que seu estilo de vida não era ético. Depois das brincadeiras e das perguntas "difíceis" (que eu já ouvira um milhão de vezes), Gráinne arriscou uma pergunta lunática: "Você foi citado dizendo que, se tivesse mil libras no banco e uma criança morresse na Eritreia, de certa forma você teria alguma responsabilidade sobre a morte dessa criança. Você não deveria estar ganhando dinheiro e doando-o para organizações de caridade em países em desenvolvimento?" Gráinne fez a pergunta com um leve sorriso. "Ganhar dinheiro e apoiar um sistema que em primeiro lugar mantém essas pessoas pobres, e que dá a elas parte de seu lucro em forma de ajuda 'mediante compromissos' ou de empréstimos do Banco Mundial e do FMI não é mais ridículo do que a Shell ou a Esso darem ao Greenpeace ou à Friends of the Earth 10 mil libras para ajudá-los a impedir a destruição causada por ambas. Não seria melhor não causar a destruição?", respondi, emendando rapidamente: "Mas, sim, se você insiste em ganhar dinheiro e, coletivamente como nação, montar nas costas dos menos afortunados, deveria dar o máximo que pode às organizações de caridade."

Segundos depois de eu mencionar os nomes de duas das maiores empresas de petróleo do mundo, ambas anunciantes da RTE, percebi que Gráinne estava recebendo instruções do produtor através de seu ponto no ouvido. De repente, a entrevista estava acabada. Minha intuição diz que eles não gostaram da minha insinuação de que dois de seus maiores financiadores se comportavam de maneira inconveniente e, provavelmente, temeram que eu estivesse me tornando político demais para um simpático programa de estilo de vida nas tardes de terça-feira.

Depois da entrevista, voltei a Rosslare para tomar a balsa para casa. Se eu achava que tivera sorte ao pegar caronas no caminho de ida, a volta foi ainda mais fácil. Saí correndo da balsa para me adiantar ao trânsito de Fishguard, estiquei meu polegar num local onde normalmente causaria incômodos e em dois minutos consegui uma carona com um motorista de caminhão que seguia para a Alemanha. Não apenas ele estava indo na minha direção como passaria por um local que ficava a cinco minutos a pé do meu destino! Parte de mim ficou decepcionada, porque isso significava que a aventura estava chegando ao fim e que eu deixaria de conhecer outras pessoas. A outra metade estava encantada; a viagem tinha sido longa e com certeza eu estaria numa cama quente à noite.

Pensei que a parte mais difícil do meu inverno — um feriado no exterior, sem dinheiro — tinha acabado, mas voltei para enfrentar semanas de neve e gelo. Na cidade, a neve torna mais suave a dura paisagem industrial e faz todo mundo sentir como se estivesse vivendo mais perto da natureza; no interior, a neve cobre as colinas e os vales com colossais mantas brancas. Adoro neve, mas ela tornou minha vida muito mais difícil. Durante duas semanas, as estradinhas do interior ficaram cobertas de neve ou gelo, porque a administração local não tinha saibro suficiente para espalhar sobre elas. Dirigir nessas condições pode ser bastante perigoso; pedalar é extremamente perigoso. Mas para comer e conseguir lenha, eu dependia muito da minha bicicleta, a não ser que quisesse passar o dia inteiro caminhando.

Minhas reservas se esgotaram em dois dias e tive que procurar novas soluções. Para ter madeira, minha primeira ideia foi cortar a plataforma que era a base de minha soleira. Mas então parei para pensar no que estava fazendo: planejando queimar parte de minha casa para ficar aquecido durante alguns dias. Era exatamente o que a humanidade estava fazendo, pensei; consumindo seus bens para objetivos a prazos bem curtos, muitos dos quais são bem menos necessários do que manter-se aquecido. A soleira ficou onde estava, e pedalei para conseguir suprimentos. Algumas vezes pedalei por 11 ou 13 quilômetros sobre gelo irregular, logo percebendo que é incrivelmente desagradável cair de bunda sobre ele.

Além de tudo, estava terrivelmente frio. Na maioria dos dias, a temperatura não chegou a 0ºC e em muitas noites caiu para -6ºC; em meu vale, parecia ainda mais baixa. Eu morava numa lata; com a salamandra acesa, ficava bem, mas às vezes chegava tarde em casa e só queria ir para a cama dormir, portanto não fazia sentido acendê-la. De manhã, era sempre um gelo. Às vezes, a parte de fora do meu edredom estava dura quando eu acordava; o isolamento do meu trailer era tão fraco que, mesmo que eu acendesse o fogo à noite, três ou quatro horas depois de a última lenha queimar o ambiente já estaria frio. Não era algo grave de verdade, mas dificultava muito levantar às cinco horas da manhã.

9

A FALTA DE VERDURAS

Num mundo de energia barata, de logística altamente eficiente e de embalagens a vácuo, é verão o ano inteiro em sua mesa. Mesmo nos dias mais frios do inverno, laranja, abacaxi e tomate podem chegar de quase todos os cantos do planeta em questão de dias. Mas antes do desenvolvimento tecnológico do século XVIII, a grande maioria dos alimentos britânicos vinha de algum lugar no Reino Unido. Apenas produtos especiais — açúcar e especiarias — vinham de longe. De janeiro a março, a comida era mais escassa do que durante o verão, já que os alimentos cultivados em casa eram limitados e pouca gente podia comprar uma comida que, em sua maioria, viesse do exterior.

Para mim, viver sem dinheiro significou voltar à dieta da Inglaterra nos anos 1700. É possível cultivar o bastante para se manter de janeiro a março, mas isso significa comer a mesma coisa na maioria dos dias. Numa dieta com alimentos cultivados localmente, ficamos limitados a ter tubérculos e produtos de colheitas, como batata e grãos de cevada, como a base de nossas refeições. Considero o grão de cevada o "arroz inglês", mas esse é um grão que pouca gente usa, apesar de ser delicioso e nutritivo. Embora comer alimentos locais durante o inverno parecesse assustador, parte de mim estava animada. Há algo no sabor da comida que você mesmo cultivou ou colheu que não se compara a especiaria alguma do mundo. Contrariando até mesmo minhas expectativas, logo passei a apreciar minha refeição vespertina, comendo cada vegetal cozido no vapor, para saborear tanto seu gosto quanto o gosto do inverno britânico.

Eu não tinha contado com as chuvas fortes que caíram de dezembro a fevereiro. Na fazenda, ao longo do rio, havia alguns politúneis: estufas grandes e baratas, utilizadas para o cultivo de alimentos que necessitam de um clima um pouco mais quente do que aquele que o Reino Unido pode oferecer. Tenho uma certa dúvida em relação aos politúneis. Eles são feitos de plástico, material que tem energia incorporada, além de poluição e sofrimento, mas que nos permitem cultivar alimentos durante todo o ano, o que significa importar menos, portanto usar menos combustíveis fósseis. Sem eles, sustentar mais de 60 milhões de pessoas o ano inteiro não é algo realista, pelo menos a curto prazo. Essas estufas modernas foram uma grande fonte de alimentos frescos e nutritivos para mim durante o inverno, até que tivemos dois dias de chuva extremamente forte, acompanhada de inevitáveis inundações que encheram os politúneis de água à altura aproximada de um metro. A enchente em si não causou grandes danos, mas o rio fora poluído, de diversas maneiras, por vários anos. Agora, não apenas eu não podia beber a água do rio, como não podia mais comer com segurança as verduras que passara meses preparando, plantando e cultivando.

Em grande parte do mundo, incluindo o Reino Unido, temos um sistema que não é natural: se sai água da torneira, pouca gente se importa em poluir um rio. Até onde a maioria das pessoas sabe, a água será limpa antes de elas a beberem. As enchentes são acontecimentos naturais. A partir de 2004, as enchentes aumentaram no Reino Unido tanto em número quanto em seriedade, embora seja impossível dizer se foi devido às mudanças climáticas. O Dr. Tim Osborn, um importante especialista em risco de inundações causadas por mudanças climáticas, estima que as chances de haver três dias ou mais de chuva forte dobraram desde os anos 1960. Suponho que seja senso comum pensar que, quanto mais você desrespeitar o planeta, mais extremas serão as consequências.

Aquela enchente me causou problemas sem fim. Em vez de comer os alimentos que cultivara, eu tinha apenas algumas verduras que restavam de outra plantação. Felizmente, uma dessas era a couve, uma verdura firme, robusta, essencial para qualquer pessoa com ambição de viver apenas de alimentos locais durante um ano. É bastante nutritiva e cresce durante o *hungry gap*. A perda de minhas outras verduras significava que eu teria de encontrar fontes alternativas de comida, o que significaria mais tempo e mais pedaladas. Tive que comer um pouco mais de comida jogada fora do que planejara e também tive que fazer um pouco mais de escambo. Para mim, era importante fazer trabalhos variados nos escambos, e com muitas pessoas diferentes, e não apenas ambientalistas "alternativos". Um dia, trabalhei com um húngaro, Peter Horvarth, que fornece petiscos como *bhaji* e *pakora* a lojas de comida de Bristol. Por cinco horas de trabalho, ele me deu mais de trinta faláfeis, que tive que comer em uma semana. Embora essa quantidade não correspondesse exatamente à minha ideia de uma alimentação saudável, acho que as pessoas dos tempos pré-industriais teriam ficado muito gratas por tamanha recompensa nessa época do ano. Trabalhei um pouco também numa cooperativa de comida saudável na cidade, o que considerei realmente importante. Eu queria incluir tanto pessoas da cidade quanto do campo para provar que é possível fazer isso independente de onde se vive.

FORRAGEANDO ALIMENTOS SILVESTRES

Qualquer pessoa pode forragear alimentos, seja no campo ou num bairro urbano. Porém, recomendo a você seguir alguma orientação antes de iniciar e tomar alguns cuidados razoáveis, já que algumas plantas podem ser tóxicas. Para começar, recomendo:

Um livrinho chamado *Food for Free*, de Richard Mabey; você pode consegui-lo em sites de troca de livros, como o readitswapit.co.uk

Fazer um curso para aprender a forragear alimentos — você encontrará um excelente em wildmanwildfood.com.

Checar fóruns como o selfsufficientish.com para encontrar dicas e sugestões.

A FALTA DE ENERGIA

Sem nunca ter vivido fora da rede e com uma experiência de vida razoavelmente normal, eu estava acostumado, como qualquer pessoa, a ter energia pseudoinfinita disponível ao toque de um botão. Passar um inverno inteiro — a época do ano em que a luz do dia é mais limitada — usando apenas energia solar foi uma experiência interessante, e muitas vezes frustrante.

Isso me fez valorizar a energia de outra forma; como algo que já não era interminável. O interesse da mídia no início do ano significou escrever bastante para revistas e jornais. Isso causou uma enorme pressão sobre minha bateria; ela descarregava o tempo todo. Fiquei frustrado algumas vezes e absolutamente furioso em outras. Aprender que não podia ter toda a energia que quisesse, quando quisesse, foi um verdadeiro teste, assim como aprender que, se a quisesse, teria que encontrar uma maneira de produzi-la.

Uma solução que encontrei foi escrever primeiramente meus artigos usando lápis e papel, para, em seguida, digitá-los em meu laptop, evitando, assim, que a energia solar acabasse enquanto eu estruturava meus pensamentos. Porém, eu não podia comprar caneta nem papel, portanto precisava de uma solução. Tinha duas opções. A primeira delas — a opção ecológica, mas que gastava tempo — era fabricar papel e tinta com cogumelos; aprendera isso com Fergus. (Meu maior conselho a qualquer pessoa que pense em viver sem dinheiro é ficar amiga de Fergus; o tamanho de seu conhecimento é comparável apenas à sua incrível disposição para compartilhá-lo.) Mas, considerando a quantidade de textos que tinha que preparar, eu não dispunha de tempo nem de recursos naturais para utilizar esse método com muita frequência. Em vez disso, recorri ao lixo.

Papel foi fácil; apanhei folhas de papel A4 em latas de lixo de papel para reciclagem; quase sempre, apenas um lado da folha tinha sido impresso. Dei às folhas mais um uso antes de elas voltarem à lata para reciclagem ou serem usadas para acender meu fogo. É surpreendente a diferença que podemos fazer apenas imprimindo os dois lados de uma folha de papel. Ashley Steven, da NuRelm, uma organização americana que realiza oficinas sobre como reduzir o uso de papel em escritórios, estima que um muro de 3,6 metros de altura, estendendo-se da Califórnia a Nova York, poderia ser erguido utilizando-se apenas o papel jogado fora durante um ano em escritórios americanos. Quando você considera que a reciclagem de uma tonelada de papel jogado fora (a quantidade que um advogado de Nova York utiliza em um ano) poderia salvar 17 árvores, os benefícios de reduzir, ainda que pouco, o consumo de papel podem ser enormes.

Não foi muito fácil encontrar canetas no lixo. Não há qualquer lugar óbvio para procurá-las, portanto depende do acaso. Canetas (e isqueiros) são provavelmente os produtos mais desrespeitados do planeta. Quando eu trabalhava em escritórios, um grupo de apenas algumas pessoas era capaz de acabar regularmente com uma caixa de canetas baratas em um mês, esquecendo onde a caneta usada estava e pegando uma nova. Beneficiei-me desse desrespeito, encontrando canetas atrás de bancos no parque e em caminhos para pedestres, sem falar naquelas usadas pela metade e encontradas embaixo do sofá de vários amigos. Não é bem uma solução à qual o mundo inteiro poderia recorrer, mas já que as coisas vão para o lixo, não é nossa obrigação usá-las antes de produzir alguma outra coisa?

Com os painéis solares e uma boa prática de escrita à mão, à moda antiga, cumpri todos os meus compromissos de texto, embora não sem estranhos expletivos. Mas isso não foi o fim dos meus problemas com o painel solar. O interesse por minha experiência permaneceu grande até o início de fevereiro; jornalistas me telefonavam com frequência para colher comentários. Isso forçou muito meu telefone, e o carregador solar simplesmente não estava preparado para esse desafio. Muitas vezes, tive que carregar o telefone usando o laptop, o que representava extrair mais energia dele e da minha bateria.

FABRICANDO PAPEL E TINTA DE COGUMELOS

Figura 2 Políporos das bétulas — "você precisará de uma vara!"

PAPEL

Encontre alguns políporos de bétulas (*Piptoporus betulinus*) que sejam brancos na parte de baixo e flexíveis. Eles podem estar úmidos ou secos, mas não totalmente ressecados. Ou você pode usar cogumelos Dryad's Saddle (*Polyporus squamosus*), até mesmo os grandes e comidos por vermes.

Colha o suficiente para a experiência. O conteúdo de uma cesta de tamanho médio produzirá de 15 a vinte folhas de papel tamanho A4.

Retire a parte suja, que faz contato com a árvore, e corte os cogumelos em pedaços pequenos. Liquefaça com água ou corante natural de plantas (frutas da família da amora, folhas ou raízes), até obter a consistência de uma pasta de papel de parede, e despeje essa pasta num tabuleiro.

Use uma peneira e molde próprios para fabricação de papel, ou uma tampa de panela fina, para retirar a polpa uniformemente.

Deixe escorrer por cinco minutos.

Ponha a polpa sobre um pano fino. Pressione suavemente toda a superfície com uma esponja, para retirar o excesso de água. Esprema de vez em quando a esponja.

Cubra-a com uma toalha e pressione com firmeza e toda a superfície.

Retire cuidadosamente o molde, certificando-se de manter o pano no lugar. Deixe secar por completo e retire a casca com o papel pronto.

Figura 3 Papel de cogumelo

> **TINTA**
>
> Colha alguns cogumelos *inkcap* (*Coprinopsis atramentaria*) e deixe-os sobre um prato de três a cinco dias, até que fiquem líquidos.
>
> Com um pano fino, coe o líquido e ferva-o até concentrá-lo em metade do volume.
>
> Experimente cores diferentes (usando sucos de plantas e frutas da família da amora) e espessuras diferentes.

Em meados de fevereiro, as pessoas já não me telefonavam muito. Isso foi interessante; durante meses, eu recebera mensagens de texto e perdera telefonemas que não podia responder. Pessoas que sabiam que eu estava vivendo sem dinheiro, principalmente jornalistas, pediam, porém, que eu retornasse a ligação, o que era frustrante. Eu não tinha a menor ideia de como elas esperavam que eu fizesse isso! Minha falta de resposta acabou me tornando uma espécie de homem esquecido. Eu disse a mim mesmo que me ignorar não era uma decisão consciente delas, porque eu já não podia lembrar as pessoas que não via toda semana da minha existência. Pelo menos eu esperava que fosse esse o motivo!

Entre a redução do interesse da mídia e os dias mais longos, enquanto o inverno passava, o problema começou a se resolver por si só. A parte mais difícil do ano tinha acabado. Eu realmente ansiava por passar menos tempo calçando e descalçando minhas galochas e mais tempo recostado numa árvore com um livro; ou pedalando à luz do dia e sentindo a vida nova e o frescor que sentimos quando a primavera chega!

10

A PRIMAVERA À MINHA PORTA

Antes, eu nunca notara realmente a mudança das estações; morar na cidade nos impede de interpretar os sinais dessa evolução tão extraordinária. Morar na natureza nos torna mais conscientes das idiossincrasias das estações do ano. Há uma mágica definida na mudança de uma estação, da mesma maneira que a visão de um raio de sol no horizonte significa o fim da noite e o irromper do dia. Posso identificar o momento exato em que senti que o inverno tinha acabado.

Foi na penúltima quinta-feira de fevereiro, sete dias depois de a última neve derreter. Por nenhum motivo aparente, me vi acordando mais alegre do que o habitual. Por volta de 7h15, quando estava lendo, um raio de sol entrou por uma fresta na cortina e ouvi um canto bonito do lado de fora da janela. Logo, o canto se tornou um incrível coral; senti como se os pássaros tivessem passado o inverno praticando aquilo apenas para mim. Mais tarde, naquela mesma manhã, caminhei do lado de fora sem galochas pela primeira vez desde que iniciara minha experiência. Cheguei a pensar em tirar a camiseta e vestir um short. E apenas uma semana antes meu trailer estava coberto de neve.

Caminhando pela fazenda, vi flores se abrindo; fura-neves, rododendros e narcisos — para mim, a encarnação da primavera — estavam mostrando a sua cara. Mas fiquei interessado em ver o agrião-dos-prados e a eufórbia também brotando; flores que você normalmente não esperaria ver antes de março. Notei que elas chegavam um pouco mais cedo a cada ano, desde a primavera de 2005. Na natureza, algumas semanas são um tempo longo; essa tendência a florescer mais cedo é um indicador de uma mudança climática.

Naquela noite, pela primeira vez desde que eu começara meu ano, preparei o jantar depois das 18h sem ter que usar a lanterna a dínamo. Foi fantástico pensar que as coisas estavam ficando mais fáceis. Senti-me completamente revigorado ao pensar que os dias mais longos e mais quentes estavam chegando, mas o que mais me animou foi o início de uma nova temporada de alimentos. Adoro os vegetais do inverno, sobretudo abóbora, aipo, brócolis-roxo, nabo, cenoura e pastinaca. E qual é o irlandês que não adora uma batata? São alimentos terrestres, pesados e que esquentam uma noite fria de inverno. Mas era primavera, e eu podia sentir a vida e a energia voltando para o meu corpo.

Eu queria alimentos compatíveis com as minhas novas necessidades. Não queria eliminar o valor nutricional da minha comida preparando-a em temperaturas altas. Desejava alimentos crus. Por sorte, a primavera é o início da temporada de alimentos crus na Grã-Bretanha; comê-los no inverno não é possível, a não ser que você se contente em consumir alimentos importados nessa época. Agora eu tinha agrião silvestre, alho silvestre, pepino e verduras como alface e rúcula crescendo. A vida tinha mais uma vez um gosto fantástico. É uma sorte que a natureza nos supra dessa energia extra no início de março, porque a primavera é uma das épocas mais movimentadas do ano quando se vive da terra. Um dos primeiros e mais importantes trabalhos é conseguir madeira.

DOMINANDO O MACHADO

Abastecer-se de lenha não é o primeiro trabalho que as pessoas imaginam quando pensam no que é preciso fazer na primavera. Você está deixando o inverno frio para trás, e a lareira recebe umas férias bem-merecidas.

Mas assim como você não tem comida no outono se não plantar sementes na primavera, não terá uma casa aquecida se não derrubar e estocar madeira bem antes dos meses quentes de verão. Para queimar bem, a madeira precisa estar seca. Quando você derruba uma árvore, a madeira contém bastante água — você sabe disso, caso já tenha apanhado lenha nova. Deixá-la secando na primavera e no verão significa que terá uma lenha decente no outono. Se eu tivesse certeza de que voltaria à minha antiga vida na cidade quando meu ano sem dinheiro acabasse, não teria me importado. Não precisaria de madeira, já que existem regulamentos rígidos para queimar madeira em cidades. Mas no início da primavera eu não tinha a menor ideia se continuaria a viver sem dinheiro se conseguisse chegar assim até o fim de novembro, portanto adotei o princípio da precaução e arranjei madeira independente disso.

Como os meses de inverno tinham sido muito agitados, eu negligenciara minha atividade de cortar lenha e só a iniciara no fim de fevereiro. A fazenda onde eu trabalhava como voluntário tinha um terreno coberto de vegetação que não recebia cuidados apropriados há anos. Ali havia muitas árvores que tinham passado da hora de serem derrubadas ou podadas, o que significava uma grande quantidade de madeira para mim. Entrei no esquema de compartilhamento de ferramentas do site da Comunidade Freeconomy e peguei emprestadas algumas delas. As pessoas que as emprestaram ficaram felizes por compartilhá-las, mas me senti um tanto desconfortável. A maioria das pessoas que pega ferramentas emprestadas sabe que, se alguma coisa acontecer com elas, poderá comprar outras, novas. Eu não tinha esse luxo, portanto fiquei paranoico com a possibilidade de danificá-las. Isso significou, porém, que cuidei muito bem delas.

As ferramentas de que eu precisava dependiam do tipo de madeira que seria cortada e da fase de crescimento em que ela estava. Podar compreende cortar os galhos jovens até quase o nível do chão, o que, além de lhe render alguma madeira imediatamente, incentiva novos galhos a brotar. Para a aveleira e outras árvores voltarem a crescer, o podão (uma ferramenta manual típica semelhante a um facão, mas com um gancho na extremidade) era o instrumento mais rápido e mais perfeito para usar. O tesourão (com hastes longas) e o serrote de poda eram bons para galhos menores. E para as árvores mais antigas descobri que o arco de serra funcionava melhor. Consegui todas elas com membros da Freeconomy, em Bristol e Bath.

Meu primeiro trabalho toda manhã era reunir minhas ferramentas e escolher as árvores que eu achava melhores para podar. Era minha parte favorita do dia. O sol nascente apontava sua cara no horizonte leste do vale um pouco mais cedo a cada manhã, derretendo o gelo fino que cobria as colinas por onde eu andava. Os pássaros pareciam participar de um concurso para escolha do melhor cantor, cada um deles tentando superar os outros. A diferença era que todos cantavam maravilhosamente bem. E os coelhos percebiam que o *Homo sapiens* acordara e, espertamente, fugiam da minha horta para a segurança das sebes. Mal sabiam eles que eu era vegano.

A derrubada de árvores tem, merecidamente, uma terrível reputação. A humanidade está derrubando-as num ritmo alarmante, num tempo em que precisamos de mais árvores para absorver a crescente quantidade de dióxido de carbono na atmosfera. Mas o combustível cultivado a poucos metros de sua casa é uma fonte muito mais ecológica de aquecimento do que aquele que é escoado por uma tubulação vinda da Noruega ou transportado de países frágeis ou arrasados por guerras. Para evitar os piores efeitos do caos climático, precisamos não apenas reduzir a distância que a comida percorre, mas começar a pensar na distância percorrida pelos combustíveis.

Depois de a madeira cair no chão, geralmente antes do almoço, meu trabalho seguinte era cortá-la em pedaços menores, para fazê-la secar mais depressa. Madeiras diferentes (exceto freixos, que podem ser queimados imediatamente) demoram tempos diferentes para secar, mas um ano é o suficiente para a maioria. Eu não tinha esse luxo. Com meus suprimentos quase exauridos, precisava ter alguma madeira pronta em seis meses, do contrário teria um fim de ano realmente frio. Depois de cortá-la com um machado, eu levava a maior quantidade possível para o meu trailer, onde a empilhava ao lado da lareira, dando-lhe uma chance de secar dentro de casa durante os últimos meses de clima frio. O resto eu cobria com uma lona, esperando pelo sol de verão para secá-la. Todo dia, eu tirava madeira de baixo da lona para substituir aquela que queimara na noite anterior.

Foi inacreditável a rapidez com que apaguei a neve de janeiro da minha memória. Eu adorava meus dias de juntar madeira, atividade que ocupou a melhor parte das duas últimas semanas de fevereiro. Pela primeira vez na vida, eu passara o Dia dos Namorados cortando madeira sem camisa. Infelizmente para mim (mas felizmente para elas), as únicas fêmeas à minha volta estavam comendo mato num pasto próximo. Claire presumira que eu estaria ocupado demais para querer fazer alguma coisa. Há algo na atividade de cortar árvores que soa primitivo, embora no fundo ainda esteja muito vivo dentro de nós. Minhas amigas me disseram que é coisa de homem, uma necessidade enraizada de prover a nossas parceiras. Talvez, mas depois de apenas três meses vivendo sem dinheiro, as coisas não estavam indo muito bem para mim nesse front.

PROBLEMAS DE RELACIONAMENTO

Quando digo às pessoas que vivo sem dinheiro, a primeira coisa que vem à mente delas são os desafios físicos. Isso, porém, é apenas metade da batalha. Empreendi esse ano não apenas para ver se conseguiria aguentar um modo de vida que exigia habilidades para sobreviver, mas também para descobrir como seria, pessoal e emocionalmente, viver sem dinheiro. E para ser franco, foi um grande desafio, sobretudo no início.

Eu começara a namorar Claire pouco antes de iniciar aquele ano. Ela apoiava bastante o que eu estava fazendo, mas não pensava em fazer o mesmo, em parte porque acabara de começar um curso universitário de geografia ambiental e precisava pagar por isso. Antes de começarmos a sair, ela sabia que eu teria um ano muito ocupado e lidou bem com isso. A prática, porém, é sempre muito mais difícil do que a teoria. As exigências de uma vida sem dinheiro, somadas ao interesse da mídia, significavam que eu estava constantemente ocupado. Quando não estava fazendo as coisas que uma vida sem dinheiro exige, estava escrevendo ou falando sobre elas. E minha decisão de não entrar em veículos motorizados durante o resto do ano não ajudou.

Essa decisão, em muitos aspectos, foi ridícula. Claire com frequência levava seus cachorros para uma caminhada pelo litoral. Isso acontecia a 64 quilômetros de distância, bem além do meu alcance de bicicleta. Mas ela ia assim mesmo; teria sido razoável ir com ela e passarmos um belo dia juntos. Entretanto, eu sentia que precisava me manifestar em relação ao petróleo, sobretudo para aqueles que estavam mais próximos de mim, e seria difícil as pessoas levarem minha postura a sério se eu continuasse a usar petróleo. Compreensivelmente, isso causou uma tensão em nosso relacionamento. Ela achou que eu estava indo longe demais, e talvez estivesse certa. Mas eu sentia que precisava permanecer fiel aos meus ideais.

Antes que nos déssemos conta, as pequenas brigas — frequentemente uma indicação de problemas maiores — estavam acontecendo. Gostávamos um do outro, e ela apoiava o estilo de vida que eu estava tentando promover. Mas a realidade de namorar alguém que desistiu da maioria das posses materiais não combinava muito bem com a ilusão romântica, ainda mais para alguém que precisava manter um pé no sistema monetário "normal". As pressões que a primavera exerceu sobre meu tempo foram maiores do que nunca. As ervas daninhas voltaram a brotar de repente, justo quando eu queria plantar minhas sementes. Assim, em meados de abril, eu e Claire decidimos terminar. Foi doloroso durante algum tempo, como toda separação. Dias que eu deveria passar plantando sementes para minha colheita de verão, desperdicei sentindo pena de mim mesmo e questionando se deveria arrumar a bagagem, sacrificar alguns dos meus ideais e passar fins de semana longos e preguiçosos na cama com a garota que eu amava. Mas estar sem dinheiro me ajudou a superar isso mais rápido do que o normal; eu sabia que se não começasse a suar a camisa não teria muitos alimentos frescos para colher depois de junho.

Isso evidenciou uma das ironias da minha vida. Passo a maior parte do meu tempo fazendo coisas para pessoas que nunca encontro, que dirá que se preocupam comigo. Então, desprezo aquelas que me são mais queridas porque estou ocupado demais com outras coisas. Como é possível equilibrar as responsabilidades com aqueles que você ama profundamente, e com os quais se preocupa (pessoas que em geral você pode contar nos dedos), e ao mesmo tempo tentar dar o melhor de si às pessoas e ao planeta afetados negativamente pela maneira como vivemos aqui no Ocidente?

Romper um relacionamento no meio da primavera trouxe outras questões. O verão é uma época de romance, uma época para passar as tardes longas e luminosas com uma parceira. Eu estava de volta ao mercado com um dos piores anúncios de coração solitário que você poderia imaginar:

PROCURA-SE DESESPERADAMENTE

MARK, 29, BRISTOL.

Homem branco, solteiro, irlandês, sem dinheiro, sem carro, sem televisão e sem carreira (e com poucas perspectivas de as coisas mudarem). Tem casa própria (trailer 4m^2). Procura vegana solteira, que goste de viver sem dinheiro, com comida orgânica local e permacultura, com senso de humor e aparência de modelo. Pode levar mulher felizarda para procurar jantar em latas de lixo nos fins de semana, arrancar ervas daninhas à tarde e tomar banho em chuveiro solar juntos de manhã.

Telefonar para Mark em 0845 SEM ESPERANÇA

A maneira como vivo minha vida cria alguns dilemas pessoais. Escolhi esse estilo de vida para mim, mas será que uma parceira potencial ainda estaria interessada se eu decidisse continuar vivendo assim? Nos melhores tempos, pode ser bem difícil encontrar alguém que você adore. Vegetarianos, veganos e locavores (pessoas que só comem alimentos cultivados num determinado raio de sua casa), que resolvem namorar apenas aqueles que têm uma dieta semelhante, sabem o quanto essa decisão reduz a lista de potenciais parceiros. O quanto as coisas podem piorar quando você anseia por uma vida sem dinheiro? Frequentemente brinco com isso, mas estaria mentindo se não reconhecesse que isso pesava em minha mente de vez em quando. Até mesmo pessoas sem dinheiro querem se apaixonar!

E, como se as coisas já não estivessem difíceis o bastante, eu já não podia recorrer à minha antiga maneira de me aproximar das garotas. Antes, quando eu ficava a fim de alguém, convidava para um drinque e saíamos para beber uma taça de vinho, uma xícara de chá ou um café. Mas eu ainda não sabia fabricar qualquer bebida alcoólica e, como não podia ir a um café local e pedir um expresso duplo, uma xícara de chá de erva silvestre recém-colhida era a única coisa no menu de bebidas para qualquer garota que eu quisesse impressionar.

DUAS XÍCARAS DE CHÁ...

A primavera é a época do chá forrageado. Meu preferido é o de urtiga e erva-peganhosa, tanto porque ambas crescem em frente à minha soleira quanto pelo gosto. Elas formam uma mistura fantástica, repleta de nutrientes e antioxidantes, rica em ferro, potássio e magnésio, e com traços de outros minerais.

Para a maioria das pessoas, há muitas maneiras de fazer uma xícara de chá: preto ou branco, com ou sem açúcar e de infinitos graus entre o fraco e o forte. Porém, se você considerar todo o processo de fazer um chá, existem apenas duas maneiras. A primeira é o que chamo de maneira "sã" de fazer chá. Estou supondo que a maioria esmagadora da população é mentalmente sã. Portanto, considerando que essa é a maneira como a população faz chá, é razoável pensar que esse é o método "são", do contrário as pessoas escolheriam outro. É o seguinte:

1. Fazer com que pessoas na Índia cultivem chá preto. Elas plantam, cultivam, secam e depois vendem o chá para um varejista local por uma quantia de dinheiro com a qual acham cada vez mais difícil sobreviver (a não ser que seja um comércio justo).
2. Enviar o chá a 6.400 quilômetros de distância, por ar ou mar, até o Reino Unido.
3. Enviá-lo de caminhão para um atacadista ou um armazém central.
4. Transportá-lo do atacadista para um varejista próximo ao lugar onde você mora, geralmente de van.
5. Pagar aproximadamente 0,99 libras ao lojista, o que não é muito considerando o número de pessoas envolvidas no processo.
6. Levar o chá para casa e conectar a chaleira ao interruptor, pedindo, assim, que a companhia de energia lhe dê eletricidade para fazer sua chaleira ferver.
7. Apanhar uma xícara e saborear o chá, talvez assistindo à televisão em casa, ou talvez num café, do lado de fora, observando os carros passando.
8. Sentir-se desperto e alerta com a cafeína do chá.
9. Começar a se sentir cansado a curto prazo, quando os efeitos da cafeína passarem, e a longo prazo, quando o tanino do chá impedir seu corpo de absorver certos nutrientes.
10. Urinar o chá, suas toxinas e seus nutrientes, na água potável do seu vaso sanitário.

Porém, há outra maneira de fazer chá. É chamada de método "insano", considerando que as massas sãs preferem não utilizá-lo. É como eu fazia meu chá depois da primavera.

1. Colher um pouco do chá abundante que cresce livremente perto de você. Sou um homem de sorte: meu chá cresce na natureza, a três metros de meu fogão-foguete.
2. Pegar um pouco de lenha por perto para acender o fogão-foguete e ferver o chá.
3. Acender o fogão-foguete usando essa madeira e ferver durante aproximadamente dez minutos a água com urtiga e erva-peganhosa.
4. Pegar uma caneca e olhar à sua volta a paisagem incrível enquanto espera.
5. Colocar o chá na caneca (e um pouco na garrafa térmica, para mais tarde) e saboreá-lo do lado de fora de casa, no campo.
6. Sentir-se revigorado e cheio de ferro, cálcio, magnésio e antioxidantes.
7. Urinar na pilha de composto e ativar o fertilizante de suas futuras plantações.

Fico perplexo por comprarmos, por exemplo, saquinhos de chá de urtiga seca numa loja e, por meio de impostos, pagar à prefeitura local para cortar algumas urtigas frescas e nutritivas na primavera! Um exemplo ainda melhor é o das pessoas que eu via passando por um pé de alecrim enorme na entrada de um supermercado gigante perto de onde eu morava em Bristol, e que em seguida compravam a mesma erva, seca, em pequenas embalagens plásticas, a preços altos! Será que não conseguimos mais ver a comida à nossa volta, abundante e gratuita? Ou estamos tão desconectados da natureza que só conseguimos vê-la numa embalagem na prateleira do supermercado?

Esse chá não apenas é silvestre e grátis, como também é muito melhor para você, sobretudo se você o prepara logo depois de colhê-lo e o deixa fermentando de um dia para o outro. Dessa maneira, é fresco e conserva muito mais benefícios à sua saúde. O chá de urtiga silvestre ajuda na digestão se você bebê-lo antes das refeições, é fantástico para pele, cabelo e unhas e é um tônico perfeito se você estiver se sentindo fisicamente esgotado. Considerando que viver sem dinheiro significa usar o corpo, é um chá bastante útil para manter o corpo saudável!

MENOS DINHEIRO É IGUAL A MENOS SAÚDE?

Durante o inverno e até o fim da primavera, meus amigos e minha família ficaram, de maneira compreensível, preocupados com a minha saúde. Não apenas eu não podia comprar a comida nutritiva com a qual me acostumara como não tinha dinheiro algum para comprar remédios se adoecesse. Meu bem-estar físico era especialmente importante porque, pela primeira vez na vida, eu dependia do meu corpo para sobreviver. Até o início de maio, minha mãe me telefonava toda semana, da Irlanda, para se certificar da minha sobrevivência. Mas acho que o fato de eu ter conseguido chegar à primavera, atravessando o inverno mais frio da minha vida, restaurou a confiança das pessoas à minha volta de que eu sobreviveria para contar a história.

Uma das coisas realmente boas no Reino Unido é o Serviço Nacional de Saúde, gratuito. Mas naquele ano eu não estava contribuindo, e não queria depender dele. Dito isso, eu pagara durante sete anos sem usá-lo uma única vez, portanto não era exatamente dependente desse serviço. Acredito mesmo que é preciso ser proativo em relação à saúde. Pôr em seu corpo a melhor comida e os melhores líquidos possíveis lhe dá uma chance maior de permanecer tão saudável quanto possível.

Como eu me tornaria ainda mais fisicamente ativo do que antes, temia perder muito peso. Isso deve parecer atraente para as pessoas que pagam academias e compram livros de dieta para perder alguns quilos, mas minha batalha sempre foi para continuar com o mesmo peso. Eu pesava perto de setenta quilos quando comecei o ano e não queria emagrecer.

Diferente do que eu imaginava, aconteceu o oposto. No início da primavera, eu me sentia em melhor forma e mais saudável do que quando era adolescente e praticava muito esporte, e ganhara quase 13 quilos. Seguia um programa de treinamento diário rigoroso desde o início, porque sabia como o ano exigiria de mim fisicamente, e a última coisa que queria era desistir da experiência por exaustão física. Ter ganhado muito peso em meados da primavera era algo que eu pretendera fazer. Acho que, independente da vida que levamos, somos uma propaganda dela. As pessoas julgam o sucesso e os benefícios à saúde de qualquer que seja a nossa dieta por nossa aparência e comportamento. Infelizmente, hoje em dia a sociedade tende a julgar pela aparência, portanto eu sabia que, se perdesse muito peso vivendo sem dinheiro, isso transmitiria uma mensagem de que sem dinheiro você não consegue a comida de que precisa.

Isso se tornou ainda mais importante quando percebi que estava me tornando uma experiência pública. Viver sem dinheiro não significa necessariamente ganhar ou perder peso — não mais do que qualquer estilo de vida ou dieta. Eu era vegano há seis anos e durante esse tempo as pessoas sempre me perguntavam sobre minha dieta, em geral com uma preocupação autêntica e bem-intencionada com meu bem-estar. Escolhi o veganismo por muitos motivos, sendo um deles o de considerá-lo, com o passar do tempo, uma dieta mais saudável e mais natural. Mas você pode ser um vegetariano saudável ou não, da mesma forma que pode ser um onívoro saudável ou não. O mesmo se aplica a viver com ou sem dinheiro.

Antigamente, eu me resfriava com frequência em março, quando costumamos passar por uma grande mudança do clima no Reino Unido. Naquele ano, o resfriado me ignorou por completo, assim como a gripe suína, contra a qual houve uma grande vacinação. Um camarada americano que vive sem dinheiro — morando alternadamente numa caverna e tomando conta de casas — me disse que só ficava doente quando morava em casas. Devo dizer que, pela minha experiência, tendo a concordar com ele, em completo contraste com o que eu pensava antes de o ano começar.

No início de maio, por total descuido meu, tive um envenenamento por comida. Quando me preparava para pedalar até a cidade, peguei um pão que estava no trailer há alguns dias. Ao chegar, notei uma coisa preta sobre o pão, que tirei com a mão, pensando que o pão esbarrara na fuligem da velha panela queimada que eu usava no fogão-foguete. Foi um grande erro. Era um mofo preto. Sofri durante os três dias seguintes. Tentei descansar o máximo que podia, mas viver da maneira como vivo significa que há sempre algo para fazer. Essa situação me deu a primeira chance de me deparar com as dificuldades de viver essa experiência sozinho. E me fez imaginar o que eu teria feito se minha doença tivesse sido mais séria. Não ter dinheiro significa viver sem a segurança à qual eu estava acostumado. Até mesmo com um pouquinho de dinheiro no banco você pode comprar tempo para recuperar a saúde, mas viver sem dinheiro significa não ter uma rede de segurança. Felizmente tenho muitos amigos, e eles me ajudaram com as tarefas habituais. Deasy, o coordenador da fazenda, que se tornara um bom amigo durante meus seis primeiros meses, preparou para mim algumas refeições leves enquanto eu me arrastava da cama para o sanitário compostável. Isso foi um excelente lembrete de que os amigos são a melhor segurança e de que, independente do quanto você se comporta mal durante a vida, é muito mais difícil perder bons amigos do que dinheiro.

Tenho um problema crônico de saúde que eu sabia que me atacaria na última semana da primavera e tornaria minha vida um inferno: sou alérgico a pólen de grama. A rinite alérgica, também conhecida como febre do feno, que afeta milhões de pessoas no mundo, já é ruim o bastante quando você mora numa cidade, onde a grama cresce no espaço entre a calçada e a rua. Mas naquele ano eu estava morando num grande campo gramado; minha mudança da cidade para o interior era como a de uma pessoa alérgica a pelo de cachorro que vai viver num canil. Durante a última semana da primavera, tudo o que eu queria era me enfiar embaixo do edredom e pôr uma toalha molhada na cabeça. Não é a maneira mais produtiva de sobreviver sem dinheiro.

Quando eu era mais jovem, nada funcionava para combater minha rinite. Aos 18 anos, tomei uma injeção de esteroides, contrariando os conselhos do meu médico. Quando os efeitos passaram, três anos depois, a febre do feno voltou pior do que nunca. Os comprimidos anti-histamínicos da farmácia serviram apenas para me deixar sonolento. Desesperado, procurei alternativas e descobri o herborismo — particularmente o herborismo chinês. Depois de uma semana tomando ervas chinesas, minha rinite passou. Foi minha primeira experiência de medicina alternativa e fiquei realmente surpreso por funcionar tão bem. Agora, comprar ervas chinesas não era uma opção. Eu tinha que procurar alternativas para a alternativa!

Por meio da cooperativa de comida orgânica para a qual trabalhava, conheci um apicultor que me deu dois potes de mel. Como eu era vegano, nunca comia mel, a não ser que fosse feito localmente por um apicultor que eu conhecesse e no qual confiasse. Mesmo assim, só o aceitava se deixassem as abelhas ficarem com o mel de que precisavam e não o substituíssem por açúcar. Para mim, quando apicultores fazem isso, o mel local deixa de ser local, porque tem incorporado nele um açúcar que veio de longe. O mel ajudou, mas apenas superficialmente, portanto usei meu blog no site da Comunidade Freeconomy para fazer um apelo. Foi inundado de conselhos, e um deles funcionou. Uma moça, Grace, aconselhou-me a usar tanchagem, uma erva muito comum, que cresce continuamente e que eu tinha disponível à minha volta. Tanto a tanchagem-maior quanto a menor são ricas em substâncias químicas anti-inflamatórias. Ao que parece, muita gente que acredita ser alérgica ao pólen da grama é, na verdade, alérgica à tanchagem. Mas, ironicamente, tomar tanchagem pode ajudar a reduzir os sintomas da alergia.

TANCHAGEM, UM GRANDE REMÉDIO PARA A RINITE

Depois de identificar cuidadosamente a planta certa (use um livro sobre alimentos silvestres), colha de dez a vinte folhas. Se não tiver muito tempo para forragear, apanhe uma quantidade maior e deixe o restante secando (você pode colocar dentro de uma fronha e deixar sobre um radiador quente).

Ponha as folhas numa chaleira. Ponha um pouco de água fria sobre as folhas antes, para não escaldá-las, e em seguida cubra-as com água fervente.

Deixe esfriar e ponha na geladeira.

Beba uma xícara por dia antes do período em que sua rinite normalmente começa e continue bebendo até passar. O gosto pode ser um pouco ruim. Se não gostar, você pode acrescentar um pouco de abóbora. Eu acho bom.

Volte a aproveitar o verão.

E parece que o problema só tende a piorar. Os resultados de uma pesquisa de cientistas do Centro para a Saúde e o Meio Ambiente Global, da Escola de Medicina de Harvard, mostram que concentrações maiores de dióxido de carbono na atmosfera também levam a níveis mais altos de pólen, o que me dá mais um motivo para querer reduzir minhas pegadas de carbono.

Às vezes, esquecemos que nossas mentes são parte de nosso corpo e que os alimentos que comemos afetam nosso humor e o nível de felicidade geral. Antes de iniciar aquele ano, eu passara um ano sem usar petróleo e seus derivados, como o plástico. Minha dieta consistia apenas de alimentos orgânicos, cultivados localmente, veganos. E eu não usava qualquer embalagem à base de petróleo. No início, senti-me desanimado e emocionalmente fraco. Meu corpo e minha mente tinham se acostumado a proteínas, nutrientes e minerais que as lentilhas da China, as castanhas da Bolívia e a soja dos Estados Unidos forneciam, e não ficou muito bem quando não conseguiu encontrar substitutos instantâneos. Não que não possamos plantar esses alimentos aqui; mas é que preferimos encomendar nossa comida em países onde o trabalho é muito mais barato.

Nos primeiros meses do meu ano sem petróleo, meu sono foi bastante agitado e me senti fraco e infeliz. Na época, não tinha a menor ideia do motivo, mas uma consulta a um nutricionista revelou que eu estava com falta de um aminoácido essencial, o triptofano. Suplementos estavam fora de questão, portanto procurei alimentos cultivados localmente que tivessem uma alta concentração de triptofano, como folhas de mostarda, avelãs e algas forrageadas, brócolis, couve, grãos de centeio germinados e espinafre. Semanas depois, eu não apenas estava normal de novo, como me sentia mais energizado do que nunca e dormia melhor. Essa experiência me deixou numa boa posição para meu ano sem dinheiro, e me certifiquei de que minha dieta contivesse uma mistura desses alimentos.

Durante o inverno e o início da primavera, minha saúde mental estava realmente boa. Mas, por mais saudável que estivesse, enfrentou seu primeiro teste no meio da primavera.

11
VISITANTES INDESEJADOS E COMPANHEIROS DISTANTES

O HÓSPEDE INDESEJADO

Como qualquer pessoa que vive ao ar livre nos meses mais frios sabe, camundongos e ratos nunca estão longe, porque tentam escapar das temperaturas muito baixas e ficar perto de um bom estoque permanente de comida. Casas modernas são construídas de modo a dificultar a entrada de ratos e camundongos; é mais difícil mantê-los fora de moradias de baixo impacto.

A questão para aqueles que moram em contato com o ar livre é como lidar com os pequenos hóspedes que você sem dúvida atrairá. Os ratos e camundongos serão seus principais visitantes, embora uma infestação de baratas possa causar estragos. Essas três espécies — sobretudo as baratas — provavelmente poderiam sobreviver a quase tudo, mas, entre ratos e camundongos, esses últimos são mais agradáveis. São pequenos, morrem de medo de seres humanos, e sua capacidade de causar danos é bastante limitada. Não fiquei incomodado demais quando um deles se mudou para o meu trailer em meados de fevereiro. Ela tinha seu lugar no guarda-roupa (na verdade, nunca verifiquei o sexo de meu camundongo, mas a bagunça que ele fazia me lembrou algumas das minhas ex-namoradas, portanto brinquei que era uma fêmea), ficava quietinha em seu canto e não me fazia sofrer por ficar acordada até tarde da noite.

Porém, no início da primavera, ela decidiu que queria construir um ninho. E escolheu fazer isso sozinha às três horas da manhã. Mordiscou o isolamento da parede, arrastou sacos plásticos e jornais que estavam em cima do guarda-roupa e perturbou um bocado. Eu, por minha vez, passei metade do dia seguinte fechando com tábuas o buraco que ela fizera, o que do ponto de vista dela foi uma falta de consideração. É claro que o resultado foi uma noite de ira roedora. O monstro que cabia num bolso passou quatro horas desfazendo minha obra e cavando outro buraco bem em cima do primeiro. Se tivéssemos continuado a insistir no revide, a parede inteira teria se tornado uma série de pequenas tábuas. Portanto, depois da minha segunda tentativa de impedir sua entrada em minha casa, admiti a derrota e lhe fiz uma cópia da chave.

Se você mora com pessoas que fazem farra naquela hora da noite em que você poderia estar acordando, junte-se a elas e divirta-se. Infelizmente, esse não era o caso. Depois de algumas semanas dormindo muito pouco, aquela criatura começou a me levar à loucura. Eu ficaria feliz com uma coexistência pacífica, mas não era assim. A gota d'água foi quando ela ficou presa no saco de grãos de centeio pelo qual eu passara o dia trabalhando. O saco era grande demais para a prensa do trailer, e eu não encontrara uma caixa de metal grande o bastante para protegê-lo. Todo dia, meu camundongo fazia um novo buraco e, depois que entrava, deixava suas fezes por toda parte.

Para a maioria das pessoas, a solução teria sido simples. Pegue algumas armadilhas e um pouco de veneno, ponha-os ali e deixe que o tempo resolva o problema. Mas mesmo que eu pudesse comprar essas coisas, minha crença vegana me dizia que eu não queria fazer isso. Eu não queria um camundongo comendo minha ração conquistada com suor, mas também não achava que executá-lo por roubo fosse uma punição justa por seu "crime". Aqueles que fazem campanha pelos direitos dos animais dizem que quase todo mundo age às vezes de maneira "especiesista", da mesma maneira que algumas pessoas são sexistas ou racistas. Se um lojista vê alguém roubando uma garrafa de vinho e o ladrão não consegue escapar pela porta, o lojista pode telefonar para a polícia ou dizer ao ladrão para sumir dali e nunca mais aparecer. Se for um caso isolado, o lojista poderá deixar as coisas como estão; se o problema persistir, ele poderá investir num circuito interno de TV para dissuadir outros potenciais ladrões. Porém, se um animal que não é humano, como um camundongo, rouba alguns grãos de centeio, impomos a ele a pena de morte, que pessoalmente considero um pouco dura. Ele está apenas tentando sobreviver numa terra onde restam poucos alimentos silvestres porque os seres humanos os manipularam e lhes deram outra forma. Pode-se dizer que roubamos a comida dele e ele simplesmente a está tomando de volta.

Como eu poderia dissuadir o camundongo de sujar minha comida? Escondi cada grama de comida que pude e tomei o cuidado de não deixar nenhum alimento cozido exposto depois do jantar. Isso salvou a comida, mas não o impediu de fazer seu ninho toda noite e me acordar. Tentei de todas as maneiras possíveis incentivar aquela coisinha a se mudar dali. Um amigo sugeriu que eu enfiasse panos nos buracos para tapá-los e em seguida espalhasse água de hortelã no material; aparentemente, camundongos odeiam esse cheiro. Mas nada funcionou. Questionei por um momento meu sistema de crença vegano. E se meu cabelo não estivesse tão curto, já teria arrancado metade dele em abril. Depois de dois meses, a dificuldade de dormir estava cobrando seu preço. Entre viver a vida lenta, escrever e falar sobre isso, trabalhar como voluntário, pedalar, organizar sessões de Freeskilling e administrar o site da Comunidade Freeconomy e sua rede internacional de grupos locais, a vida estava realmente ocupada. Acordar às três toda manhã não ajudava.

Justo quando eu já não podia aguentar mais, o sol do fim da primavera veio com força total e as temperaturas mais elevadas convenceram meu hóspede indesejado a se mudar para um lugar ao ar livre. No fim, a resposta era apenas paciência. Eu já não tinha que lavar todo dia as superfícies por onde o camundongo andava e urinava. A paz e a tranquilidade retornaram.

ABRIGO DE BAIXO IMPACTO

Consegui meu abrigo por meio do Freecycle, mas tenho consciência de que isso não é possível para todo mundo. É difícil falar de abrigo como sendo "grátis", por se tratar de algo que é cercado de questões de obtenção de licença, posse de terra e impostos.

Porém, há alguns tipos de habitação que podem teoricamente ser grátis (e frequentemente são). Mesmo que você não consiga encontrar uma maneira de fazer ou instalar algum deles sem dinheiro algum, eles custarão apenas uma fração do preço de uma "casa normal", permitirão a você viver sem serviços públicos a longo prazo e, ainda por cima, ter um impacto muito baixo sobre o meio ambiente.

Para mim, o problema com a maioria das habitações é que você tem que fazer um financiamento que passará a maior parte de sua vida profissional pagando. Isso prende as pessoas à economia do salário e, em muito casos, a trabalhos dos quais elas nem sequer gostam.

RESIDÊNCIAS DE BAIXO IMPACTO

Nave terrestre (*earthship*): sonho diariamente em morar numa casa dessas. Fruto da imaginação de Michael Reynolds, um gênio da arquitetura, a nave terrestre é um tipo de casa solar passiva feita de materiais locais reciclados e naturais. (Casas solares passivas são casas feitas para usar a energia solar para se manter aquecida no inverno e fresca no verão, sem o uso de ventiladores e aquecedores.) Feita de velhos pneus de carro recheados de terra, latas de cerveja, grandes vidraças, painéis fotovoltaicos e turbinas eólicas, a nave terrestre é autossuficiente em sustento, água e energia. Além disso, o design fantástico — garrafas de vidro são usadas para criar efeitos de luz incríveis — a torna visualmente bonita.

Casa subterrânea: maximizando o espaço em áreas pequenas, o material escavado pode ser usado na construção e é resistente a vento, fogo e terremotos. Um dos maiores benefícios da casa subterrânea é sua eficiência em energia, já que a massa de solo ou pedra (a "massa geotérmica") que a envolve armazena calor e a isola, mantendo-a quente no inverno e fresca no verão.

Bender: Estrutura de madeira guarnecida de lona ou outro material à prova d'água. Não é muito difícil projetá-la; pode ser construída facilmente de graça, com madeira local e materiais reciclados.

Casa circular: Casa redonda com estrutura de paus coberta de barro ou painéis de toquinhos de madeira com matope (estas são duas técnicas de construção antigas, em que uma treliça de material trançado é coberta por uma mistura pegajosa, geralmente de barro, terra, esterco e palha.) Seus telhados cônicos costumam ser de palha ou de madeira verde (uma estrutura simples, que se autossustenta e dispensa a necessidade de um apoio central no telhado; a madeira verde é usada logo depois de ser cortada, porque seu conteúdo de água a mantém flexível e fácil de ser usada na construção).

Casa de feixes de palha: Casa construída com feixes de palha que formam suas paredes. No Reino Unido, a palha pode ser de trigo, centeio ou aveia. É altamente isolante e em tese pode ser feita de graça e com materiais cultivados localmente.

Iurta: uma estrutura circular de treliças de madeira coberta de lona. O telhado é feito de paus e tem um cume transparente para deixar o calor do sol entrar. Pode ter isolamento feito com tapetes ou edredons velhos. É bem resistente e pode ser feita de graça, com materiais locais e reciclados.

Cabana de índio americano: grande cabana cônica feita com vinte paus, uma lona e material isolante adequado. Difere das cabanas normais por um motivo crucial: tem uma abertura no alto, que permite ao morador cozinhar e aquecer sua casa acendendo um fogo. Assim como a iurta, é resistente, pode ser feita com facilidade e é ecologicamente correta.

Trailer humilde: É terrível, terrível. A compra de um trailer novo jamais permitirá uma vida sustentável de verdade, porque

> ele é feito em fábricas altamente industrializadas. Porém, se você conseguir um trailer de segunda mão de graça, será uma solução excelente, assim como acontece com pássaros que se aninham em prédios antigos e caindo aos pedaços. Pinte-o de verde para confundi-lo com a paisagem natural.
>
> Obter uma licença é sempre uma preocupação, não importa a estrutura que você escolher. Busque assistência na administração local. Ou então não se incomode: apenas faça sua casa e lide com as consequências quando elas aparecerem!

MEUS COMPANHEIROS DISTANTES SEM GRANA

Os dias mais longos e o sol mais forte da primavera me deram mais energia solar para brincar. Durante o inverno, eu sabia que estava recebendo muitos e-mails sobre minha experiência, mas não conseguia guardar energia suficiente em minha bateria para ler ou responder a maioria deles. Isso contribuiu para a leve sensação de isolamento que tive na época que terminei com Claire.

Acho que o sol, além de carregar minha bateria, reenergizou-me. Pela primeira vez na vida, eu estava vivendo quase inteiramente ao ar livre. Em abril, eu adquirira um bronzeado que em geral só teria no mínimo em meados de junho. Com meu corpo e a bateria cheios de energia como nunca, decidi afugentar minha sensação de solidão e tentar localizar no mundo companheiros humanos sem dinheiro. Como eu tinha certeza de que ninguém mais estava fazendo isso na minha área, recorri à internet.

A maioria das pessoas que conversavam comigo sobre minha vida achava que eu era a única pessoa do mundo que vivia sem dinheiro algum. Eu era (até onde sei) a única pessoa que fazia isso no Reino Unido, mas de maneira alguma a única que vivia dessa maneira na sociedade contemporânea. Comparado aos outros dois dos quais tomei conhecimento, eu era um novato. Heidemarie Schwermer, uma alemã de 67 anos autora de *Das Sterntalerexperiment — Mein Leben ohne Geld* ("A experiência Sterntaler — minha vida sem dinheiro") vive quase completamente sem dinheiro há trinta anos. (Ela guarda alguns euros de sua aposentadoria todo mês para passagens de trem; o resto ela dá.) Em um filme sobre suas experiências, *Living without Money*, ela explica que trabalhou durante muitos anos como professora e psicoterapeuta em Dortmund. Como a maioria das pessoas, passava a maior parte do seu tempo ganhando dinheiro para comprar coisas de que precisava — e também coisas de que não precisava realmente. Como psicoterapeuta, conheceu muita gente deprimida e frustrada, que trabalhava demais e tinha pouco tempo livre. Entre os desempregados e pobres, costumava encontrar pessoas que se achavam inúteis. Eu ouvira falar de Heidemarie antes de iniciar meu ano, através de Markus, um amigo que falava alemão. Na época, ela só escrevia em sua língua nativa, portanto eu não podia investigar seu pensamento e sua experiência, a não ser que Markus traduzisse. Porém, quando a mídia ficou mais intrigada com o conceito de uma sociedade sem dinheiro, ela se esforçou mais para se comunicar com o mundo de língua inglesa.

Heidemarie iniciou um círculo de permutas, um *Tauschring*, por meio do qual pessoas com pouco ou nenhum dinheiro podiam negociar objetos e favores (*Gib und Nimm*: "dar e pegar"). Por meio do círculo de permutas, pessoas entraram em contato umas com as outras de uma nova maneira. Elas se sentiam úteis e com valor, e apreciavam o aspecto social do contato. Depois de algum tempo, Heidemarie decidiu fazer uma experiência. Abriu mão do seu apartamento, doou suas posses a amigos e iniciou uma vida nova baseada na troca de favores sem usar dinheiro. No início, morou com amigos e conhecidos, tomava conta das casas deles quando eles saíam de férias ou viajavam e, em troca, recebia comida e um lugar para morar. Ao longo dos anos, ela inspirou círculos de permutas na Alemanha. As únicas pessoas que não convenceu foram os diretores do serviço nacional de trens, e é por isso que ela guarda algum dinheiro para as passagens. Me perguntei por que ela não pegava caronas, mas suponho que isso é muito mais fácil para um cara de trinta anos do que para uma senhora idosa. O objetivo de Heidemarie era simplesmente criar uma "consciência maior da relação com o dinheiro e com o consumo". E embora ela não vivesse completamente sem dinheiro, suas proezas foram suficientes para inspirar muita gente a usá-lo cada vez menos no dia a dia.

Outra pessoa lançada sob os holofotes como resultado de um surto de interesse semelhante por uma vida sem dinheiro é Daniel Suelo, um americano de 48 anos, de Moab, Utah, que vive sem dinheiro algum desde 2000. Isso põe meu minúsculo ano em uma perspectiva apropriada. Eu não ouvira falar de Daniel antes de iniciar meu ano, mas minha pesquisa em abril me levou a conhecer seu blog, que parecia bastante desprezado, considerando o longo tempo em que ele vivia dessa maneira. No meio de meu ano, quando o interesse da mídia foi, felizmente, diminuindo, a conhecida revista americana *Details* publicou uma matéria sobre esse "homem das cavernas", que a MSN pôs em sua página na internet. O interesse por Daniel passou de quase zero (assim como seu saldo no banco) para (diferente de seu saldo no banco) milhões de pessoas da noite para o dia. Seu blog, de maneira semelhante ao meu, tornou-se fórum de um intenso debate. Cínicos, sem parar para pensar por um momento para compreender os motivos dele, acharam que era um dever deles dizer a Daniel o quanto sua vida era marginal. Quem poderia pensar que viver numa caverna, tendo zero de pegadas de carbono num mundo cujo clima está mudando rapidamente, seria um crime social?

Quero compartilhar com você alguns pensamentos de Daniel, para lhe dar uma noção sobre sua visão. Não é necessariamente a minha visão; embora eu concorde com muita coisa que ele diz, de maneira alguma estou de acordo com tudo. Achei que seria útil dar a você outra perspectiva sobre por que pessoas como Daniel, Heidemarie e eu consideramos que viver sem débitos, créditos e papeizinhos é crucial para nossa capacidade de sobreviver e evoluir em nosso planeta.

Suelo sobre "propriedade e posse"
Uma existência sem dinheiro... não é uma questão de desistir de posses, porque não há nada do que desistir, realmente. Ninguém tem nada, portanto é apenas uma questão de perceber que você já não tem nada. Então, quando você perde uma coisa e percebe que nunca a possuiu, não há sensação alguma de perda. E quando alguém lhe pede alguma coisa, você dá de graça porque de qualquer modo ela não é mesmo sua. Então, tenha fé de que tudo vem no momento em que você precisa.

Suelo sobre "viver sem dinheiro"
Dizer que eu vivo sem dinheiro não é dizer nada. É como dizer que vivo sem acreditar em Papai Noel. Agora, se vivêssemos num mundo onde todo mundo acreditasse em Papai Noel, você poderia pensar que estou entrando num limbo para viver sem Papai Noel.

Suelo, quando lhe perguntaram:
"Você acha que o dinheiro é um mal?"
Não. Dinheiro é ilusão. Ilusão não é bom nem ruim. Imagine se você tivesse olhos que vissem a realidade em

vez de ver sua própria crença. Imagine se você visse uma nota de US$100 como um pedaço de papel com um belo trabalho de arte e nada mais... Uma vez, encontrei uma nota de US$20 e decidi brincar com ela assim. Cortei-a e fiz uma colagem.

O incidente com a nota de US$20 provocou muitos comentários negativos. Houve um grande debate sobre se teria sido melhor dá-la a alguém que precisasse ou deixar de atribuir a ela um valor ilusório e tirá-la de circulação. Mas, ao dar a nota, seria ele culpado por reforçar um sistema que causava a inevitabilidade de uma pessoa desesperada realmente precisar dela?

No mesmo dia em que ouvi falar pela primeira vez de Daniel Suelo, deparei-me com um índio dacota, John Lame Deer. Ele resumiu como se sentia por ser obrigado pelo homem branco a usar dinheiro — e, por conseguinte, a se tornar "civilizado":

> Antes de nossos irmãos brancos chegarem para nos civilizar, não tínhamos prisões. Portanto, não tínhamos criminosos. Você não pode ter criminosos sem uma prisão. Não tínhamos fechaduras nem chaves e, portanto, não tínhamos ladrões. Se um homem era tão pobre que não tinha um cavalo, uma cabana ou uma coberta, alguém lhe dava essas coisas. Éramos não civilizados demais para dar muito valor a pertences pessoais. Queríamos ter as coisas apenas para dá-las. Não tínhamos dinheiro e, portanto, o valor de um homem não podia ser medido por isso. Não tínhamos nenhuma lei escrita, nenhum advogado, nem políticos, portanto não podíamos enganar. Estávamos num caminho realmente ruim antes de o homem branco

chegar e não sei como conseguíamos nos entender sem as coisas básicas que, conforme nos disseram, são absolutamente necessárias para tornar uma sociedade civilizada.

Daniel Suelo, Heidemarie e eu temos motivos centrais levemente diferentes para querer viver sem dinheiro. Prefiro não focalizar diferenças pequenas, mas sim ver aquilo que compartilhamos. Um fio comum nos liga: nosso desejo de ver amizades sendo cultivadas entre pessoas locais por meio do simples ato de compartilhar; e de ver os espíritos da bondade e da doação reinando sobre a cobiça.

Havia uma ironia em minha vida. Por passar tanto tempo falando e escrevendo sobre criar amizades ao compartilhar, e sobre a importância de reconstruir as comunidades nas quais vivemos, sobrava pouco tempo para minha própria vida! Em meados de maio, para remediar isso, decidi começar a me divertir muito mais com meus amigos. Esperava que o retorno iminente do verão significasse muito mais tempo de recreio.

Nos primeiros meses da primavera, descobri que ainda estava contando os dias para o fim do meu ano, considerando-o algo que eu atravessaria, e não um desafio para eu abraçar. Mas em maio descobri que estava passando dias a fio sem sequer pensar na palavra "casamento". Só quando alguém perguntava era que isso entrava em minha consciência. Eu adorava viver da terra, mas a primavera foi uma época em que parecia que tudo o que eu fazia era trabalhar, porque tudo que aconteceria mais tarde no ano dependeria do quanto eu suasse. Foi difícil pensar que os frutos do meu trabalho ainda estavam longe de amadurecer. Mas chegara o tempo de começar a colher o que eu semeara.

12

VERÃO

Viver sem dinheiro no inverno pode realmente parecer desagradável, mas você teria que ser louco para não tentar fazer isso no verão. Longas tardes caminhando no bosque, acampar na praia no fim de semana, cozinhar os alimentos que você cultivou e colheu, pedalar, ouvir música ao vivo junto a uma fogueira, passear pela natureza procurando amoras, maçãs e nozes, nadar pelado no lago e dormir sob as estrelas. Se você pensa em experimentar esse modo de vida por apenas uma estação, o verão é a época perfeita.

Os relógios tinham sido adiantados. Estávamos oficialmente no horário de verão britânico, e eu estava adorando as tardes mais longas. Esse prazer, obviamente, não é exclusivo de pessoas sem dinheiro. Todo mundo que conheço odeia ver os relógios voltando atrás, e muitas vezes imagino como concordamos com algo que ninguém parece querer. Quando você cozinha, lava, trabalha e brinca ao ar livre, pedala em qualquer lugar e vive da terra, fica cada vez mais encantado ao ver o sol ficar no céu um pouco mais todo dia. No inverno e na primavera, houve com certeza momentos em que senti os efeitos de não ter dinheiro: o momento em que soube que meus amigos estavam indo ver nossa banda favorita tocar num show; o momento em que eles foram assistir a um filme que eu realmente gostaria de ter visto. Agora que o verão estava ali, eu esquecia que estava vivendo sem dinheiro. Simplesmente vivia.

Não apenas eu tinha de repente uma série de oportunidades de entretenimento — coisas como acampar, que parecia bem menos atraente nos meses mais frios — como também a vida estava ficando mais fácil de todas as maneiras.

NA MINHA BICICLETA

Por mais que eu goste de andar de bicicleta, pedalar mais de 130 quilômetros por semana no inverno e nos primeiros meses da primavera nem sempre era divertido. Sem os equipamentos corretos, muitas vezes eu ficava todo ensopado. Mesmo que não usasse roupa impermeável, geralmente suava tanto que o resultado era o mesmo. Numa mudança que adorei, porque significou que meu estilo de vida estava se tornando normal para eles, meus amigos ficaram me dizendo para comprar um casaco impermeável que permitia transpirar. "Com que dinheiro?", eu respondia. Durante as estações mais chuvosas, ficara provado que era impossível encontrar esse item no Freecycle.

Quando chovia forte, os faróis da minha bicicleta acendiam e apagavam aleatoriamente. Levei o mês de março inteiro para perceber que isso se devia a um fio solto em meu dínamo, que logo consertei. Aquilo tornara muito estressante pedalar, porque de repente, e inexplicavelmente, eu ficava invisível para os motoristas que passavam correndo pelas estradas do interior, em pistas com uma largura que mal era suficiente para um carro. Quando ouvia um motor berrando atrás de mim, eu tinha que ficar parado na vala até o caminhão passar ou me juntar aos texugos e raposas mortos que pontuavam a beira da estrada.

Mas quando a brisa do verão começou a soprar pelo vale, pedalar se tornou não apenas mais fácil, mas algo que eu realmente queria fazer. *Mountain bike* é um de meus hobbies preferidos, então muitas vezes me aventurava com amigos nos arredores de Bristol, em lugares como Leigh Woods. Descíamos correndo os pequenos riachos e caminhos lamacentos nas colinas íngremes desse estado enorme. Pedalar fora das estradas é bem parecido com viver, em alguns aspectos: se você quer aproveitar, é essencial não ter medo de cair de bunda.

Esse passatempo foi bastante estúpido e ligeiramente irresponsável: *mountain bike* pode ser um hobby um tanto quanto perigoso. Normalmente, eu não pensaria duas vezes antes de praticá-lo, mas meu status de homem sem dinheiro significava que eu não podia me permitir quebrar uma perna ou a bicicleta, porque não poderia pagar para consertar nenhuma das duas. Mas a vida é curta demais e preciosa demais para ser esperto o tempo todo. Decidi muito tempo atrás que preferia viver cinquenta anos do que existir durante noventa, e que se vivesse minha vida exatamente da maneira que queria, em todos os momentos, meu tempo acabaria quando tivesse que acabar.

Nem tudo, porém, era *mountain bike*. Pedalar é uma maneira fantástica de conhecer a região e chegar a lugares inacessíveis a motoristas. Em junho, comecei a pedalar pelo interior, às vezes com amigos que precisavam dar um tempo da cidade e às vezes com trabalhadores voluntários da fazenda. Há algo maravilhoso em perceber a natureza e sentir na pele a mudança da temperatura quando o sol nasce e morre que torna a sensação de pedalar muito mais real do que a de viajar de carro ou num transporte público. Frequentemente, saíamos para pedalar à noite, o que prefiro a pedalar de dia, porque você pode seguir durante uma hora sem encontrar um único carro. Como as tardes se tornaram mais longas no verão, exploramos mais isso. Enfiávamos três coisas na mochila — barraca, saco de dormir e um farnel com comida — caso resolvêssemos dormir aonde quer que a estrada nos levasse. Às vezes, acampávamos durante a noite no bosque, ou à margem de um lago próximo, e voltávamos de manhã. Ou, se estivéssemos cansados e quiséssemos descansar e olhar as estrelas, simplesmente parávamos, procurávamos um lugar seco e dormíamos até o sol nos despertar.

BIRITA DE GRAÇA!

Hoje em dia, quando quero uma bebida, eu mesmo a faço. A internet tem centenas de receitas para todo tipo de drinque alcoólico. Ou então você pode experimentar minha receita de sidra, fácil de fazer, usando maçãs caídas da árvore e nada mais.

COMO FAZER UMA SIDRA DE VERDADE

— Colha suas maçãs — uma mistura de maçãs vermelhas e verdes deixando de lado as que estiverem podres.
Esprema-as — de preferência com um espremedor de maçã eficiente — até conseguir o máximo de suco que puder.
Transfira o suco para um pequeno barril esterilizado, certificando-se de encher o barril. Solte a tampa no alto do barril para deixar os germes do levedo natural entrarem.

Deixe fermentando durante mais ou menos um mês. Derrame a sidra em garrafas limpas e deixe-a fermentando por mais alguns meses ou feche a tampa e deixe a bebida no barril por oito meses. Isso lhe dará uma sidra forte, doce e turva.
Beba a sidra com seus amigos!

Muitas pessoas têm macieiras e não as usam. Por que não perguntar se você pode colher algumas maçãs e compartilhar a sidra com elas?

Também é fácil fazer uma boa cerveja, principalmente se você cultiva seu próprio lúpulo. Você pode dar sabor à cerveja usando quase qualquer coisa — Andy Hamilton fez para mim, certa vez, cerveja com galhinhos de pinheiro, que ficou... interessante!

A DIETA DE VERÃO SEM GRANA

Um dos muitos motivos pelos quais adoro o verão é a comida. Embora o sudoeste da Inglaterra não tenha bem um clima mediterrâneo, num verão decente você pode cultivar uma grande variedade de alimentos, e em agosto os alimentos silvestres são abundantes. Eu como todo tipo de coisa no verão. Nem todas elas todo dia, é claro, do contrário engordaria ainda mais do que 13 quilos em um ano! Esta lista não inclui as coisas que encontro aleatoriamente em latas de lixo.

Café da manhã
Chá de urtiga e erva-peganhosa ou de hortelã	Forrageado
	Cultivado
Mingau de aveia	Permutado
Amora silvestre	Forrageada

Framboesa	Forrageada
Avelãs	Forrageadas
Tanchagem, remédio para febre do feno	Forrageada

Brunch

Maçãs	Cultivadas
Vitamina de banana	Encontrado no lixo
Uvas	Cultivadas
Chá de verbena	Cultivada
ou café de raiz de dente-de-leão	Forrageada

Almoço

Pão de centeio integral	Grãos permutados, moídos em moedor manual e assados no forno
ou pão de trigo integral	Encontrado no lixo
Geleia de ameixa	Ameixas forrageadas e depois preparadas com suco de maçã cultivada e espremida
Margarina	Encontrada no lixo
Brotos	Germinados sozinhos
Rúcula	Cultivada e forrageada
Alface	Cultivada e ingerida crua
Tomate	Cultivado e ingerido cru
Azeite (de preferência de oliva)	Encontrado no lixo
Folhas de beterraba	Cultivadas e ingeridas cruas
Cenoura ralada	Cultivada e ingerida crua
Beterraba ralada	Cultivada e ingerida crua
Alho silvestre	Forrageado
Folhas de mostarda	Cultivadas e ingeridas cruas
Rabanetes	Cultivados e ingeridos crus
Acelga	Cultivada e ingerida crua
Vagem	Cultivada e ingerido crua

Ervilha	Cultivada e ingerida crua
Cebola	Cultivada e ingerida crua
Brócolis-roxo	Cultivado e cozido no vapor
Cebolinha	Cultivada e ingerida crua
Pimenta	Cultivada e ingerida crua
Pepino	Cultivado e ingerido cru

Jantar

Batata	Cultivada e cozida no fogão-foguete
Milho verde (na espiga)	Cultivado e cozido com a casca
Abobrinha	Cultivada e cozida no vapor
Grãos de centeio	Permutados e cozidos como arroz
Tofu	Encontrado no lixo e frito
Alho-poró	Cultivado e cozido no vapor
Lentilha	Encontrada no lixo
Favas	Cultivadas e fervidas no vapor
Concentrado de folhas	Permutado e feito em casa
Brócolis	Cultivado e cozido no vapor
Alho	Cultivado e frito
Cenoura	Cultivada e cozida no vapor
Beterraba	Cultivada e cozida no vapor
Cevadinha	Permutada e cozida como arroz
Pastinaca	Cultivada e cozida no vapor
Alecrim	Forrageado
Salsa	Cultivada e cozida no vapor

Sobremesa

Bolo de chocolate vegano	Sobras do café local

Bebidas

Sidra	Cultivada e feita em casa
Champanhe de daia	Ingredientes forrageados e encontrados no lixo
Cordial de daia	Ingredientes forrageados e encontrados no lixo
Suco de maçã	Cultivado e feito em casa
Chá de hortelã	Cultivado
Cerveja	Ingredientes forrageados e encontrados no lixo

A comida jogada fora representou menos de 5% de minha dieta durante o verão, mas não parei de procurá-la nas latas de lixo. Comecei a buscá-la cada vez mais, em parte porque adorava a aventura de fazer isso, e em parte porque queria que a comida boa fosse para a barriga, e não para as latas de lixo.

NADA COMO UM ALMOÇO GRÁTIS?

Não há nada como um almoço grátis. E, da mesma forma, um café da manhã e um jantar grátis. A maneira mais genuína de fazer isso é forrageando alimentos silvestres, já que eles vêm diretamente da terra. A Grã-Bretanha, porém, tem sido tolhida; seus campos selvagens estão se retraindo rapidamente. Onde antes havia bosques, biodiversidade e abundância, hoje há supermercados de concreto, estacionamentos e latas de lixo. O crescimento urbano mudou a natureza da prática de "forragear". Em vez de caminhar pelos campos no meio do dia colhendo alimentos, o forrageador urbano dos tempos modernos age à noite, vasculhando as grandes latas de lixo que substituíram os arbustos.

Procurar comida em latas de lixo pode parecer sórdido e ilegal; entendo essa apreensão. Mas muitas vezes o único motivo pelo qual a comida tem que ser jogada fora é a data que lhe foi estampada numa linha de montagem de uma fábrica distante. A comida pode ainda estar boa para ser consumida, mas a empresa tem que agir dentro da lei. Numa pequena mercearia, o dono pode avaliar o estado de seus produtos pelo cheiro, pelo contato, pelo gosto e pela aparência, e enviar alimentos para a compostagem apenas quando já não estiverem adequados ao consumo. Num grande supermercado, as porções empacotadas determinam que os funcionários não podem usar esse critério e essa avaliação. Independente da aparência do produto e do contato através da embalagem de plástico, se a data for de ontem, ele irá para a lata de lixo.

Acho muito divertido atacar latas de lixo, principalmente quando faço isso com alguns amigos. Muitas vezes, voltamos com tanta comida que nosso maior trabalho é distribuí-la a quem possa usá-la. Procurar comida em latas de lixo é ainda mais fácil no verão, porque o clima é mais quente e mais seco, dois fatores importantes numa atividade noturna. E embora você tenha que esperar mais tempo para escurecer, parece haver também mais comida jogada fora. Isso provavelmente se deve a uma demanda muito mais imprevisível no período de férias; a venda de muitos produtos, como saladas e alimentos resfriados, depende de um dia de sol, o que nem sempre acontece na Inglaterra.

Os "atacantes de lata de lixo" são frequentemente chamados de "freeganos", embora o uso de comida jogada fora seja apenas uma pequena parte do "freeganismo". Os freeganos, de acordo com seu grupo no Reino Unido, são pessoas que tentam viver de maneira simples, reduzindo o consumo e a pressão que exercem sobre o meio ambiente, reciclando, compartilhando recursos e — o que é importante — usando seu tempo para ajudar outras pessoas no trabalho voluntário de colaborar com ações sociais positivas no âmbito local. Algumas das pessoas mais generosas que conheci, tanto em termos de tempo quanto de posses, são freeganas.

Mas por que fuçar latas de lixo tarde da noite em busca de comida que foi considerada inadequada ao consumo, seja pela lei ou por uma pessoa desabonada ao longo da cadeia alimentar? Para mim, devo admitir, isso não é o ideal. A comida muitas vezes provém de processos industrializados, com toda a poluição e destruição ambiental que eles causam. E se todo mundo quisesse fazer isso, não haveria comida suficiente para procurar em nenhum lugar por perto; os produtores perderiam os negócios se ninguém comprasse seus produtos. Dificilmente esse é um modelo de vida sustentável para o futuro, porque apenas um número finito de pessoas poderia fazer isso. Porém, nem todo mundo quer fuçar latas de lixo. Na verdade, são tão poucas pessoas que, toda vez que você vai, a maioria das latas de lixo está cheia de alimentos perfeitamente comestíveis. Moro perto de uma cidade de meio milhão de pessoas e nunca vi uma fila em nenhuma lata de lixo onde estive! Acho que temos a obrigação de retirar cada quilo de comida aproveitável das latas de lixo de lojas e supermercados que, por qualquer que seja o motivo, têm que jogá-la fora. Em 2009, durante a crise de alimentos no Haiti, reportagens mostraram crianças pegando, um por um, grãos de milho caídos de sacos quando caminhões passavam pela estrada. Ter comida boa apodrecendo em nossas latas de lixo é um insulto às famílias dessas crianças.

Outro motivo pelo qual me sinto compelido a usar comida jogada fora é porque, depois que ela vai para a lata de lixo, seu uso efetivamente neutraliza carbono. O uso de comida jogada fora não apenas significa que menos comida — com menos energia incorporada de sua produção, empacotamento, distribuição e venda (particularmente alta em alimentos semiprontos) — é cultivada e processada como também, de maneira bizarra, reduz a emissão de gases do efeito estufa. A maioria das pessoas acha que, como a comida apodrece rapidamente, a produção de gases do efeito estufa não é um problema. Porém, este é exatamente o problema. Quando a comida se decompõe, produz metano, um potente gás do efeito estufa. De acordo com a Food Aware, a cada ano 18 milhões de toneladas de alimentos consumíveis acabam em aterros sanitários somente no Reino Unido (um terço de toda a comida, no valor de 23 bilhões de libras). É metano demais mudando o clima, sem falar no custo ambiental de transportar a comida jogada fora para os aterros sanitários e processá-la.

Dessa perspectiva, você pensaria que aqueles que usam comida jogada fora são heróis num mundo que caminha para uma catástrofe climática e um colapso ecológico. Infelizmente, o oposto não poderia ser mais verdadeiro. Não apenas aqueles que fazem isso se arriscam a ser excluídos sociais, como se trata de um crime; tecnicamente, furto.

DIVERSÃO GRÁTIS

Emma Goldman, uma filósofa política e ativista altamente influente do início do século XX, disse: "Se não posso dançar, não quero fazer parte de sua revolução." Viver uma vida simples voluntariamente não precisa ser algo chato e entediante. Muitas vezes, é bem divertido, ainda mais no verão! Viver com dinheiro às vezes pode parecer bem entediante: ir mundanamente a um bar para beber, comer bem num restaurante ou assistir a um filme no cinema. Onde está a aventura?

Munido de sua bebida feita em casa, você vai querer fazer uma festa. Uma de minhas organizações preferidas é a Streets

Alive (www.streetsalive.net), que dá conselhos sobre como fazer uma grande festa na rua em áreas urbanas. Essas festas não apenas são bastante divertidas como são também uma maneira fantástica de tirar os vizinhos de casa e passar um bom tempo juntos, o que leva a amizades duradouras e faz as pessoas se sentirem revigoradas e bem em relação ao lugar onde vivem.

No verão, acampar é uma excelente opção. Não se esqueça de levar seu violão, seus tambores, algo para atiçar o fogo, e de deixar seus problemas para trás, de onde quer que você venha.

Se você gosta de arte, há sempre exposições grátis nas grandes cidades. Algumas até têm um bar gratuito — infelizmente, só fui saber disso depois de completar meu ano sem dinheiro!

Uma coisa que não falta são as noites de cinema grátis — com filmes e documentários para qualquer pessoa interessada. Se isso não acontece onde você mora, por que não organizar você mesmo? É uma ótima maneira de compartilhar informações e reunir pessoas com ideias afins. Muitos documentários excelentes são distribuídos gratuitamente na internet. Se você fizer sua noite de cinema grátis, não terá problemas para encontrar uma organização que lhe empreste um projetor — mande um e-mail para seu grupo Freeconomy local.

Se seu negócio é música, as noites amadoras não são apenas uma diversão grátis como uma excelente maneira de ver novos talentos locais tocando música acústica. Mesmo que seu talento musical seja pequeno, tenha coragem e suba no palco. O público sempre apoia, e essa é uma maneira magnífica de fortalecer sua confiança.

Você pode encontrar ingressos grátis para todo tipo de evento em sites populares como o Money Saving Expert e o Gumtree, e pode conseguir ingressos grátis para muitos shows da BBC. Fui ao Good News Show, de Russell Howard, na BBC3, e fiquei surpreso ao descobrir que não apenas todas as pessoas

> puderam ver uma ótima encenação cômica (de Russell, não minha) como também ganharam uma cerveja grátis. Acho que essa última foi para garantir que Howard recebesse tantas risadas quanto possível!

Resgatar comida de latas de lixo que estão na área particular da empresa que jogou a comida fora é uma questão legalmente nebulosa. Se os supermercados quisessem dificultar, poderiam acusar você de invasão de propriedade ou mesmo de furto. Aos meus olhos, quando você joga alguma coisa na lata de lixo, está abdicando da posse. No Reino Unido, ninguém jamais foi acusado de roubar coisas de latas de lixo, provavelmente porque os supermercados percebem a cobertura negativa da imprensa que teriam e o ninho de vespas éticas em que estariam mexendo. Embora citem motivos legais para as medidas que adotam para impedir que pessoas como eu examinem seu serviço sujo, os supermercados erguem uma cortina de fumaça; seus verdadeiros motivos são comerciais. Cada produto salvo da lata de lixo é um a menos comprado na loja. E também não é do interesse deles nos mostrar o quanto seus sistemas logísticos desperdiçam.

Durante o verão, vi supermercados indo cada vez mais longe para proteger seu lixo. Muros adequados a um castelo medieval não pareciam ser suficientes. Alguns ergueram cercas de arame farpado e contrataram seguranças. Outros derramaram corante azul e água sanitária sobre o conteúdo da lata de lixo, rasgando as embalagens para garantir que o conteúdo definitivamente não fosse comido. Se estavam mesmo preocupados com as questões legais de pessoas que ficam doentes por comer alimentos jogados fora, sem dúvida não fariam isso; comer alimentos naquelas condições tornaria o envenenamento da comida a menor de nossas preocupações.

Comprar de maneira corriqueira pode ser bem chato. Se você entrar e andar pela loja da maneira como a equipe de design de varejo elaborou, gastará o máximo de dinheiro, ficará na fila alguns minutos, dirá um "oi" educado à moça do caixa, que provavelmente responderá na linguagem da direção-geral, e sairá com sacolas cheias e a carteira de dinheiro vazia. Em contraste, alguns dos melhores momentos que tive durante o verão foram nas noites que passei revirando latas de lixo com meus amigos. Pegávamos nossas bicicletas, com os alforjes vazios (ou o reboque da bicicleta, quando íamos a um lugar onde sabíamos que haveria muita coisa) e partíamos para a aventura da noite.

Quando você fuça latas de lixo, não tem ideia alguma sobre o que encontrará. Sabe apenas que encontrará alguma coisa e, frequentemente, muita coisa! Tive alguns momentos hilários com latas de lixo. O mais divertido de todos foi quando encontrei um pacote de camisinhas danificado pela água, mas que por dentro estava absolutamente intacto! Isso resolveu uma baita dor de cabeça; a ideia de Fergus de fabricá-las com intestinos de texugos mortos na beira da estrada batia um pouco forte no estômago. E também eu não estava bem certo se isso excitaria futuras amantes. Em segundo lugar, por pouco, no "concurso de descobertas mais bizarras em latas de lixo", ficou meu amigo Dave Hamilton, que achou uma nota de dez libras numa noite e no dia seguinte a usou numa loja de comida orgânica para comprar comida de boa qualidade! Não foi exatamente uma atitude Freeconomy, mas ele não reclamou. Encontrei caixas de cerveja com data vencida (adequada ao consumo, mas não em seu melhor estado) e caixas de vinho em que uma garrafa estava quebrada, o que significava que as outras estavam manchadas e inadequadas para à venda.

Na maioria das noites, encontrávamos algo entre dez e vinte pães de forma, e esbarrar em caixas de frutas e vegetais era muito comum. Mas o que fazer com esse excesso? Fazíamos o que a maioria dos freeganos faz; distribuíamos a amigos e outras pessoas que sabíamos que realmente gostariam de receber. Muitos de meus amigos passam grande parte do seu tempo como voluntários em projetos, o que significa que sua renda é minúscula comparada à quantidade de trabalho que fazem toda semana, portanto eles sempre apreciam qualquer ajuda em comida. Em minhas viagens de volta à fazenda, eu entregava pequenos pacotes, cujo conteúdo variava de acordo com quem os recebia — se fosse um vegano, um vegetariano ou um onívoro. Alguns chegavam a alimentar seus cachorros de graça com meus pacotes; os cachorros preferiam muito mais isso do que o que geralmente conseguiam em uma lata de ração.

Uma das noites de fuçar em latas de lixo mais estranhas foi fazendo um filme para o *Guardian online* com o jornalista Jon Henley e o cinegrafista Mustafa Khalili. Eu lia os artigos fascinantes de Jon há anos; pular dentro de latas de lixo com ele me pareceu surreal. Tenho certeza de que foi estranho para ele também. Ele me disse que na noite seguinte jantaria com o embaixador francês em Londres, porque sua mulher era jornalista de um jornal francês. Mas ali estava ele me ajudando a retirar pizzas e tortas de uma lata de lixo. Para minha completa admiração, ele realmente participou e até levou alguns alimentos para Londres, incluindo um suco de frutas para o filho. Se alguém tivesse me dito dez anos antes que eu viveria sem dinheiro e fuçaria latas de lixo com um de meus jornalistas preferidos, eu não saberia se trancava minha faculdade ou se estudava ainda mais!

Meu principal objetivo ao procurar comida em latas de lixo durante os meses de verão era distribuir alimentos aos outros, mas houve momentos em que isso foi particularmente útil para mim, principalmente às vésperas dos festivais. Eu tinha muitas verduras frescas no fim de junho, mas em grande parte eram coisas que estragariam rapidamente numa barraca quente, o que não era bom para festivais de cinco dias. Eu precisava de comida processada que não mofasse e exigisse muito pouco cozimento, portanto passava as duas ou três noites anteriores ao festival procurando feijão em lata, pão, pastas, frutas frescas e secas e biscoitos para reforçar minha dieta básica de mingau de aveia, nozes e amoras.

A TEMPORADA DE FESTIVAIS

O sudoeste da Inglaterra, onde moro, é a meca dos festivais de verão. Há um festival diferente a cada semana de maio a outubro, nessa parte do mundo, mais conhecida pelo Festival de Glastonbury. Como você pode imaginar, é bastante tentador ir a todos os festivais possíveis, principalmente quando eles acontecem diante de sua porta.

No início do meu ano sem dinheiro, presumi que não poderia ir a festivais em 2009. Primeiro, não poderia pagar para entrar. Segundo, se entrasse, tudo lá dentro custaria muito. A comida é o único item essencial, mas gosto de beber um pouco quando estou ouvindo música com amigos. Terceiro, embora alguns festivais aconteçam relativamente perto de mim, a maioria exige uma viagem de pelo menos 190 quilômetros, considerando ida e volta, o que não é muito de carro, mas é bastante de bicicleta. A distância significava que, se eu quisesse ir a um festival, não apenas teria que tirar quatro dias da minha agenda realmente frenética como precisaria de mais dois dias de muito esforço físico para chegar lá e voltar.

Os dois primeiros problemas se resolveram sozinhos. Maio foi quando Paul Crossland e Edmund Johnson me pediram para ajudá-los a promover seu novo projeto, Freelender, no Festival de Buddhafield. Em troca da ajuda, eu entraria de graça no festival. Sou bastante exigente em relação aos projetos que apoio, mas o Freelender (www.freelender.org) preenchia perfeitamente os requisitos. Seu objetivo era maximizar o uso de recursos em comunidades locais através de um site onde as pessoas poderiam emprestar e tomar emprestadas coisas (de livros a bicicletas) pelas quais não podiam pagar. Isso não apenas poupa o dinheiro das pessoas como representa um melhor uso de recursos limitados e ajuda a construir comunidades sólidas por meio de atos de bondade e confiança. São ideais muito semelhantes aos da Comunidade Freeconomy e é um bom exemplo de uma organização que surge para preencher outra parte da "economia de doação"; um movimento social em que bens e serviços são dados regularmente sem um acordo de troca explícito, valendo-se de um costume informal e da cultura e do espírito da generosidade.

Eu não tinha certeza se Buddhafield era meu tipo de festival. Por mais que eu quisesse ajudar o Freelender a decolar, estava preocupado que houvesse chá indiano e *tai chi* demais para o meu gosto. Mas Paul e Edmund se ofereceram para me levar e para garantir que eu não ficasse sem comida durante os cinco dias, portanto decidi ir. Durante o dia, eu trabalhava numa tenda entregando folhetos e questionando as pessoas sobre suas atitudes em relação a emprestar e tomar emprestado. Fizemos um Freeshop em que as pessoas podiam levar de graça coisas que precisavam e deixar coisas que não queriam mais, montamos um serviço de emprestar e tomar emprestado coisas como cobertores, galochas, entre outros e organizamos um esquema de caronas, para que as pessoas pudessem voltar de graça do festival para casa.

Eu me diverti muito à noite, apesar da ausência de dinheiro. Saí com amigos que eu não via direito há anos, passei algum tempo com pessoas que conhecera em Bristol mas que andavam ocupadas demais para aprofundar o contato, fui a saunas e ouvi músicos incríveis e bandas favoritas, como a Seize the Day. Isso me fez um bem enorme. Até o fim de junho, eu trabalhara sete dias por semana e, embora estivesse trabalhando no festival, a mudança foi definitivamente tão boa quanto uma folga. Mas, embora eu gostasse e precisasse muito de diversão e relaxamento, o festival conspirou para eu ter um objetivo muito maior em minha vida.

Isso começou pouco antes das quatro horas do penúltimo dia, quando esbarrei num amigo que me contou sobre uma oficina excelente que aconteceria naquela tarde com um poeta, Paradox, que fizera uma apresentação extremamente inspiradora na noite anterior. Na oficina, fizemos a nós mesmos aquela pergunta comum — "qual é o sentido da vida?"— e como esse sentido mudou durante a vida, com a intenção de escrever uma tragicomédia sobre nossa existência até então. É fácil menosprezar esses exercícios como "coisa de hippie", mas acho que nós do mundo moderno passamos muito pouco tempo refletindo sobre nosso lugar no mundo e para onde estamos indo. Começamos concordando que a vida não tem um significado em si, mas que, com o passar do tempo, "eu" ou "você" associamos significados diferentes a nossas vidas para termos um foco e um motivo para existir. Percebi que entre os cinco e os 12 anos, ser o menino mais bem-comportado da escola me deu sentido; dos 12 aos 16, o sentido foi ser bom em esportes; e dos 16 aos 21, foi cerveja, garotas, roupas da moda e dinheiro. Mas entre os 21 e os 26, obtive meu sentido descondicionando minha mente e desconstruindo as mentiras sobre o mundo com que tinham me alimentado. Agora, meu sentido advinha de lutar para usar tudo o que aprendera para ser o mais gentil e respeitoso possível com o planeta e com tudo que o habita, de modo a compensar a maneira bastante consumista como vivera os primeiros vinte anos de minha vida.

Paradox leu para nós um poema extraordinário e verdadeiro. Ele vivera uma vida muito insana, que incluíra alguns períodos morando na rua. Um dia, duas mulheres, que não se conheciam, disseram-lhe que estavam grávidas dele. Outro dia, um acidente no México, em que sua perna foi arrancada, deixou-o no leito de morte, devido à falta de sangue do seu tipo. Um dos motivos pelos quais ele chamava a si mesmo de Paradox era o fato de esse acontecimento ter sido tanto o melhor quanto o pior momento da sua vida. Ele perdeu a perna, mas teria perdido a vida se um grupo de mexicanos, que ele não conhecia, não tivesse buscado incansavelmente um doador de sangue, fazendo um apelo em estações de rádio locais. Deitado na cama, ele percebeu que sua vida até então se baseara em si mesmo e em seu ego e que já não era a pessoa que queria ser. Decidiu que queria inspirar outras pessoas e ser útil ao mundo compartilhando o que fazia melhor: sua poesia. Uma das últimas coisas que disse foi que no leito de morte você identifica as coisas que realmente têm sentido em sua vida e o que é importante. E que não é a marca do seu tênis ou da sua camiseta ou quanto você ganhou no ano passado. É sua família, seus amigos e até mesmo a natureza em si.

Ao fim da oficina, ele leu poemas que escrevera. Tudo o que senti foi uma completa admiração e empatia pelas pessoas à minha volta, muitas das quais talvez eu antes tivesse achado estranhas, esquisitas ou idiotas. Quando ouvimos cada uma de suas histórias de vida, percebemos como era incrível que estivéssemos até mesmo vivos! Saí dali me sentindo completamente inspirado e pensei nos últimos meses com algumas dúvidas sobre a pessoa que eu estava me tornando. Por achar difícil assistir à destruição e ao sofrimento que nós humanos causamos, minha maneira de lidar com isso foi me tornar uma pessoa que faz julgamentos, o que eu não tinha nenhum direito de ser. Se eu podia culpar alguém por aquilo tudo, não precisava mudar minha própria maneira de ser.

Inspirado por Paradox, resolvi que viveria cada dia de minha vida como se fosse o último. Porém, não tinha a menor ideia de que o universo cuidaria para que eu recebesse a mensagem alta e clara na manhã seguinte. Eu pedalara 88 quilômetros até o festival; uma viagem de seis horas durante a qual não vira nenhum outro ciclista, mas muitos texugos, coelhos, raposas e pássaros mortos. Eu tinha percorrido mais ou menos três quilômetros da viagem para casa quando ouvi um carro rugindo no alto de uma pequena colina atrás de mim e, segundos depois, sua buzina berrando freneticamente. Olhei de cara feia sobre meu ombro: "Estou indo o mais rápido que posso!" E o que vi foi o carro no ar, vindo diretamente para mim. O impulso da bicicleta me manteve avançando, e o carro aterrissou morto na vala, dobrado em duas partes, com um som que parecia uma bomba explodindo. Parou a mais ou menos dois metros da minha roda traseira, tão perto que pude vê-lo pelo canto do olho esquerdo. Se eu tivesse pedalado um segundo depois, ou se o carro tivesse quicado para fora da vala, eu não estaria vivendo sem dinheiro. Ainda estaria sem dinheiro, mas não vivendo.

Certifiquei-me de que a motorista estava bem. Milagrosamente, ela saiu tropeçando do carro, ainda que em choque total. Tive que conter as lágrimas enquanto corria pela estrada em minha viagem de volta, tão chocado e cheio de adrenalina que cheguei em casa em apenas quatro horas. Por minha cabeça passava o que Paradox dissera um dia antes: como eu viveria se hoje fosse meu último dia? Estaria feliz com a última coisa que dissera a alguém? O que estivera fazendo em minhas últimas horas, dias, semanas? Eu dissera às pessoas que amava o que sentia por elas? Julgara equivocadamente uma pessoa cuja história eu não tinha a menor ideia do que era? Eu era a pessoa que aspirava ser? A resposta, em junho, foi "não". Eu estava vivendo sem dinheiro e minhas ações estavam intimamente alinhadas com as minhas crenças. Mas para mim essa é apenas uma parte da solução inteira.

A maioria das pessoas diz querer a "paz" sem realmente saber o que isso significa. A paz não vai cair do alto sobre nós; é um mosaico cujas peças são nossas interações diárias uns com os outros e com o planeta. Minhas interações pessoais estavam, muito frequentemente, bem distantes do verdadeiro significado de paz. Eu lamentava estar ocupado demais, reclamava que as pessoas compravam coisas com as quais eu não concordava e em geral agia de maneira menos positiva do que gostaria. Viver sem dinheiro era algo que começara como um meio para um modo de vida mais pacífico, mas que se tornara um fim em si mesmo, exatamente da mesma forma como o dinheiro começara como um meio de facilitar as transações mas se tornara um fim em si mesmo. A oficina de Paradox me ajudou a avaliar a mim mesmo e a voltar às minhas intenções originais.

O segundo festival ao qual consegui ir foi o Sunrise Offgrid, o irmão menor do festival Sunrise Celebration. Era o primeiro ano do festival, que nascera do desejo do criador do Sunrise, Dan Hurring, de levar a sério questões como as mudanças climáticas e o pico do petróleo e mostrar a outros organizadores de festivais como realizar um festival realmente fantástico e divertir bastante, mas causar muito pouco impacto sobre o meio ambiente. Dan entrara em contato comigo em maio, para me perguntar se eu faria duas palestras sobre viver sem dinheiro, e aceitei alegremente. Dar duas palestras de duas horas foi muito mais fácil do que o trabalho de cinco dias que eu fizera em Buddhafield, embora em meu tempo livre eu tenha ajudado na seção de economia alternativa.

O Sunrise Off-grid foram quatro dias de oficinas sobre cada aspecto da sociedade, da economia à ecologia, da educação à energia, da comida à amizade e da política ao trabalho com cerâmica. À noite, havia música e dança.

Esse é um argumento em si mesmo. Nunca tivemos tanto dinheiro ou energia tão barata. Se a destruição ambiental tivesse nos tornado mais felizes, isso seria alguma coisa. Fritar o planeta teria alguma justificativa se isso tivesse nos trazido alegria. Mas por que não nos tornamos mais felizes quando nos tornamos financeiramente mais ricos? Richard Easterlin, economista da Universidade do Sul da Califórnia, acredita que uma grande parte do problema é a rotina consumista em que estamos; nunca satisfeitos e sempre querendo mais. Ele diz:

> As pessoas estão presas à ideia de que mais dinheiro trará mais felicidade para elas. Quando pensam nos efeitos de ter mais dinheiro, elas estão deixando de considerar o fato de que, quando tiverem mais dinheiro, vão querer ainda mais dinheiro. Quando ganharem mais dinheiro, vão querer uma casa maior. Elas nunca têm dinheiro suficiente, e o que fazem é sacrificar sua vida familiar e sua saúde para ganhar mais dinheiro.

Karl Rabeder, um homem de negócios australiano milionário, percebeu esse simples fato e deu tudo o que tinha, inclusive sua fortuna de 3 milhões de libras. Quando lhe perguntaram por quê, ele disse:

> O dinheiro é contraproducente — impede que a felicidade chegue. Durante muito tempo, acreditei que mais riqueza e luxo significavam automaticamente mais felicidade. Venho de uma família muito pobre, em que a regra

era trabalhar mais para conseguir mais coisas materiais, e apliquei essa regra durante muitos anos. Mas cada vez mais eu ouvia as palavras: "Pare o que você está fazendo agora — todo esse luxo e consumismo — e comece sua verdadeira vida. Eu tinha a sensação de que estava trabalhando como um escravo por coisas que não desejava ou precisava."

Tive o privilégio de conhecer algumas pessoas que realmente me inspiraram e influenciaram. Uma delas, Patrick Whitefield, guru da permacultura e autor de *The Earth Care Manual*, foi a uma de minhas palestras. Saber que alguém na plateia sabe significativamente mais do que você sobre quase tudo que você está falando pode ser um pouco intimidante, para dizer o mínimo. Mas felizmente ele me apoiou por completo.

Também fui a uma palestra interessante do fundador do movimento Transition, Rob Hopkins. As palestras de Rob são sempre intrigantes, mas esta foi particularmente fascinante. Ele teve que limitar sua apresentação (para a qual usou um projetor) a apenas uma hora. Se não tivesse feito isso, a banda programada para tocar logo depois, no mesmo palco, não teria energia suficiente para a amplificação do som. Isso evidenciou as implicações de assumir a responsabilidade por suas necessidades de energia. Quando a palestra acabou e começaram as perguntas, Rob desligou seu laptop à base de energia eólica, quando normalmente o teria deixado ligado, se estivesse plugado em cabos de eletricidade. Sempre que você produz suas próprias coisas, quaisquer que sejam elas, não desperdiça uma gota.

Fui a uma oficina comandada por Theo Simon, cantor e letrista do Seize the Day, uma das bandas que eu tinha adorado ver em Buddhafield. Theo passou vinte anos compondo e cantando canções que inspiraram ativistas do Reino Unido e de outros lugares a se manterem em campanha pela justiça social. Sempre na linha de frente, Theo passara grande parte do verão de 2009 fazendo campanha com trabalhadores da fábrica Vestas Wind Turbine, na Ilha de Wight, que tinham perdido o emprego porque seus chefes — que tinham lucrado 76 milhões de libras nos três meses anteriores — perceberam que podiam ganhar muito mais se transferissem suas operações para os Estados Unidos . Trabalhadores que tinham sido contratados apenas alguns meses antes, avisados de que seu emprego estava seguro, tinham feito financiamentos para casa própria, apenas para mal receberem uma notificação e somente duzentas libras de indenização. Outros tinham perdido empregos aos quais tinham se dedicado durante toda a vida profissional. Esse é o capitalismo verde para você: um sintoma de um sistema baseado na competição, e não na cooperação.

A oficina de Theo se chamava Ativismo Consciente. Durante anos, ele tinha visto bastante brutalidade, na maioria das vezes por parte da polícia, que recebia ordem para defender os interesses daqueles que trazem milhões de libras para a economia do Reino Unido. Como sabe qualquer pessoa que já esteve num protesto, numa ação direta ou numa manifestação pacífica para impedir uma incrível injustiça, alguns policiais podem ser bastante opressivos. Durante a oficina, Theo descreveu muitos incidentes que testemunhou e não foi fácil de ouvir. Cada pessoa na oficina ficou profundamente sensibilizada pela maneira como ele falou sobre a polícia, apesar de suas experiências angustiantes com ela. Ativistas muitas vezes dizem que querem "salvar a Terra". A Terra ficará bem, com o tempo; é a humanidade que precisa ser salva. Mas para quem eles querem "salvar" a Terra? Apenas para outros ativistas? Apenas para os ativistas e para as classes trabalhadoras? Ou para todo mundo — executivos de bancos, ambientalistas, policiais, ativistas de direitos humanos e também políticos?

ACOMODAÇÃO GRÁTIS

A maneira como vivemos hoje significa que frequentemente temos que viajar. Mas você não precisa pagar pela acomodação quando chegar ao seu destino!

No interior, há sempre uma barraca testada e confiável, mas na cidade isso geralmente não é uma opção (embora eu tenha acordado algumas vezes em campos de futebol urbanos durante meu ano!). E dependendo de onde você mora, acampar pode ser uma opção apenas no verão.

Diversos sites excelentes cuidam desse departamento do movimento sem dinheiro. O que eu achei melhor é o Couchsurfing (www.couchsurfing.com), onde você consegue um sofá para dormir em quase todas as cidades do planeta. Isso significa não apenas acomodação grátis, mas fazer novos amigos e obter informações sobre aonde ir em qualquer parte do planeta em que você se encontre. Conheci uma de minhas melhores amigas, Sarah, quando ela veio ficar no sofá da minha antiga casa flutuante por algumas semanas.

Adoro a prática do *couchsurfing*, porque se baseia numa ideologia "corrente do bem". Tem se mostrado muito bem-sucedida, mas, assim como o Freeconomy e o Liftshare, depende de você ajudar um estranho de graça quando chegar a sua vez.

Outros sites são o Hospitality Club (www.hospitalityclub.org) e o Global Freeloaders (www.globalfreeloaders.com). Ambos trabalham de maneira bastante semelhante ao Couchsurfing.

Se estamos realmente interessados em impedir as piores repercussões das mudanças climáticas e do esgotamento de recursos, precisamos nos envolver com todos e ter compaixão por todos, e não apenas por aqueles que têm opiniões semelhantes às nossas. Mudar as coisas em termos ambientais é algo que precisa envolver cada um de nós, inclusive os policiais, que recebem ordem de seus chefes para impedir que essa mudança aconteça, mas que, em sua maioria, fazem o trabalho fantástico de limpar a bagunça que a sociedade cria.

Isso era particularmente relevante para mim. Eu queria que pessoas de todo tipo se envolvessem com a Comunidade Freeconomy, e não apenas os suspeitos de sempre. Mais uma vez, percebi que minhas ideias não eram mais certas do que as de ninguém; eram apenas outra opinião a ser lançada no caldeirão da vida.

Os festivais foram uma época de diversão, amizade e mudanças, mas também me fizeram lembrar de uma série de lições importantes que eu esquecera ao longo do caminho. E me deram uma ótima chance de promover a Comunidade Freeconomy. Achei incrível o modo como muitas pessoas me abordaram depois das palestras que dei, com histórias sobre como usavam a Freeconomy e como conheceram amigos através dela.

USANDO A COMUNIDADE FREECONOMY LOCAL

O site da Freeconomy tomou boa parte do meu tempo durante o verão; escrever sobre meu ano dera ao site muita exposição. Mas não foi uma via de mão única. Usei-o tanto para dar quanto para receber: compartilhei equipamentos de *camping* com uma garota que viajaria de bicicleta durante quatro semanas em agosto e fiz uma previsão de fluxo de caixa integrada a uma planilha de cálculos de gastos e lucros para que um membro de uma instituição de caridade local propusesse financiamentos para dar continuidade ao trabalho desta. Esse caso foi muito importante para mim. Ironicamente, eu estava ajudando uma instituição de caridade a conseguir financiamento, mas sou realista tanto quanto idealista; sabia que a instituição não poderia sobreviver sem dinheiro naquela fase e que, sem dinheiro, não poderia continuar seu excelente trabalho para as crianças de Bristol e Bath.

Também recebi inúmeras vezes por meio da Freeconomy. Aprendi a usar uma navalha de barbear, o que no verão foi uma habilidade essencial: a barba que me mantivera aquecido durante o inverno já não tinha utilidade. E recebi uma ajuda notável quando meu laptop quebrou. Se não tivesse conseguido encontrar alguém disposto a me dar um laptop velho, não teria conseguido continuar a conscientizar as pessoas sobre as questões que formavam a base filosófica do que eu estava fazendo, nem administrar o site da Freeconomy. Mas simplesmente aconteceu de a noite de Freeskilling da semana seguinte ser sobre "Como fazer um computador". Ben Smith, o professor da Freeskilling naquela noite, ofereceu-se para montar um computador para mim. Ele também me ajudou a instalar o Linux como sistema operacional. Ofereceu essa ajuda não apenas a mim, mas a todas as pessoas da aula, junto com um apoio contínuo, gratuito, àqueles que precisassem. Ben não era contra a Microsoft, apenas bastante entusiasmado com o uso de softwares de código aberto e gratuitos pelas pessoas. Graças a Ben, recuperei parte de minha capacidade de me comunicar com o mundo.

Sem o apoio da Comunidade Freeconomy, teria sido muito mais difícil completar um ano sem dinheiro. Mas esse é exatamente o ponto: isso não deve ser algo para se fazer sozinho ou uma vida que tem que ser difícil. Como novos projetos como Freeconomy, Couchsurfing, Freegle, Freecycle e Liftshare surgem a cada ano, viver sem dinheiro está ficando cada vez mais fácil. E se eu consigo viver sem dinheiro, todo mundo consegue. Sou, sinceramente, uma das pessoas menos talentosas que você poderia conhecer.

O verão foi um período fantástico para mim. Embora em geral eu estivesse ocupado das cinco da manhã à meia-noite quase todo dia, não parecia muito que trabalho e brincadeira fossem coisas diferentes. Eu adorava o que fazia durante o dia e gostava ainda mais do tempo que conseguia compartilhar com meus amigos à noite. Durante muitas noites, um grupo de amigos com inclinações musicais se reunia em torno de uma fogueira. Alex tocava rabeca, Wally dedilhava o violão, e todos nós cantávamos e dançávamos até a temperatura nos dizer que era hora de cobrir as brasas e ir para a cama. Isso me fazia pensar em o quanto minha experiência seria mais fácil num país como a Espanha, onde há mais sol o ano inteiro. Mas fugir para a Europa continental teria sido sair um pouco do objetivo; estilos de vida sustentável são necessários no Reino Unido tanto quanto em qualquer outro lugar.

O solstício do verão passou. Embora muita gente celebre esse dia, eu o odeio. Depois do solstício, os dias ficam cada vez mais curtos, e eu passara a adorar as noites quentes que pareciam durar para sempre. Mas, embora meu primeiro verão sem dinheiro tivesse chegado ao fim, alguns dos melhores dias ainda estavam por vir.

13

A CALMARIA ANTES DA TEMPESTADE

Minha minúscula coleção de oito CDs, acomodada numa prateleira acima da minha cama, acumulara uma camada grossa de poeira. Nunca consegui entender muito bem por que continuava a guardá-los. Na maioria, eram álbuns que faziam parte da trilha sonora da minha adolescência; acho que os mantinha para me apegar a um tempo em que tudo o que importava era aquela menina bonita do fim da rua e com quem o United jogaria no fim de semana. Suspeitava também de que os guardava para o tempo em que poderia retornar ao mundo das tomadas, esses improváveis portões para o belo reino de Ziggy Stardust e Spiders from Mars.

Há nove meses eu não escutava aqueles discos. Nove meses que não pagava uma bebida para meus amigos ou que não fazia um passeio de trem para o litoral. Mas havia uma estranha sensação de conforto na poeira. Era um sinal de que o tempo estava passando. Cada camada fina acrescentada significava uma semana mais perto de cumprir o que eu me dispusera a fazer.

Era outono. Quanto mais ele durava, menos eu me importava em chegar ao fim. A reta final não era muito atraente. Na verdade, o peso maior em minha mente era a ideia de voltar. Eu largara muita bagagem mental e física e nunca me sentira tão libertado ou tão livre. O que eu faria? Voltaria a ter um emprego na cidade, conseguiria um novo apartamento simpático e retornaria aos poucos a uma vida "normal"? Ou as encostas que eu subira durante nove meses eram apenas os morros ao pé de uma cadeia inteira de montanhas?

Depois de um verão fresco, o sol finalmente chegou, perto do fim de agosto, o que coincidiu agradavelmente com uma breve calmaria no caos de minha vida. Embora apreciasse a dádiva da vida um pouco mais a cada dia, eu estava cansado. Enquanto meus amigos tiravam suas férias de verão no exterior, eu aparava o mato. Para descansar e ter um momento tranquilo, o bosque era o melhor que eu conseguia. Decidi aproveitar ao máximo o clima fantástico de outono que a Inglaterra oferece e passar algum tempo fora. O fim do meu ano estava se aproximando depressa e eu tinha a sensação de que a vida lenta que estava defendendo junto aos jornalistas se tornaria repentinamente uma vida rápida de novo. Eu tinha que tomar grandes decisões sobre o que faria depois que meu ano acabasse; precisava de tempo para pensar, o que, até então, tinha sido difícil encontrar.

O outono é, sem dúvida, a parte do ano de que mais gosto. Os fins de tarde em setembro são maravilhosos; nas tardes claras, meu vale inteiro ficava incrivelmente cor de ferrugem. Os pássaros também pareciam perceber que era sua última chance de se divertir um pouco; as andorinhas que viviam perto do meu trailer passavam as últimas horas do dia envolvidas num ritual de dança que somente elas entendiam. Certa tarde, ao sair para uma caminhada rápida antes do jantar, tive que parar de repente, porque centenas dessas criaturinhas voavam caoticamente à minha volta, por vezes a apenas alguns centímetros do meu corpo. A dança das andorinhas pareceu durar horas. Em momentos como esse, eu reconhecia de verdade o quanto era privilegiado por viver daquela maneira, em contraste absoluto com alguém tomando uma condução no centro de Bristol numa tarde como aquela.

E o outono é uma época perfeita para se aventurar. Minha paixão por acampar e forragear significava que no mês seguinte haveria muitos outros dias em que o trabalho e a brincadeira continuariam sendo um todo indivisível.

AVENTURAS FORRAGEANDO ALIMENTOS SILVESTRES

Eu decidira acampar e forragear o máximo que pudesse. Em setembro, cada possível brecha em minha agenda foi preenchida saindo com um amigo ou outro para uma longa caminhada ou passeio pelas florestas inglesas, armado de cestas e sacolas para colher alimentos. Isso provou ser uma alternativa revigorante e bem-sucedida às idas a bares ou restaurantes para namorar. Fiquei surpreso com meu índice de sucesso ao convidar mulheres para sair da rotina. Estranhamente, isso me trouxe confiança na vida, tranquilizando-me de que nem todo mundo estava interessado apenas em quanto dinheiro eu tinha ou ganhava. Isso me deu esperança de que em algum lugar, em meio aos campos de consumo, estava a Mulher Sem Grana, procurando no horizonte por seu Príncipe Pobretão. Eu não estava convencido de que muitas delas estariam dispostas a isso durante mais do que meio expediente, mas a esperança alimentou minhas andanças pela natureza.

Um de meus passeios para forragear em setembro foi uma decisão completamente de última hora de acampar com 15 amigos durante um fim de semana de comida, diversão, fogueira e amizade. Abrimos um mapa da Ordinance Survey e giramos uma garrafa sobre ele para ver que direção tomaríamos. A garrrafa apontou para o oeste. O objetivo dessa pequena viagem específica não era o destino, como as férias anteriores no exterior tinham sido. A viagem em si eram as férias; onde decidíamos descansar nossas cabeças à noite era quase irrelevante. A beleza da viagem estava em sua falta de esforço. Como foi algo muito espontâneo, tivemos pouco tempo para conseguir comida, embora eu tenha colhido o máximo que conseguia carregar para compartilhar com os outros. Mas a ideia da experiência não era conseguir a comida *antes* de partirmos; era conseguir a comida *enquanto* estivéssemos viajando. Colhíamos alimentos quando estes apareciam ao longo das cercas-vivas e campos em torno dos caminhos por onde passávamos.

Muitas pessoas do grupo queriam realmente descobrir as variedades de cogumelos comestíveis. Quando você fala com as pessoas sobre colher alimentos na natureza, a primeira coisa que costuma vir à cabeça delas são os cogumelos. Em alguns aspectos, os cogumelos têm uma fama terrivelmente injustificada; é seguro comer a grande maioria deles. Dito isso, colha um punhado de Ivory Funnels (*Clitocybe dealbata*) em vez de Scotch Bonnets (*Marasmius oreades*) — ambos frequentemente crescem no mesmo lugar — e você enfrentará uma dura batalha para sobreviver. Uma única garfada de chapéu-da-morte (um cogumelo com o qual ameaço Fergus toda semana se ele não me ensinar uma nova habilidade) pode matar um adulto. Isso parece um pouco assustador, mas não deveria. Tenho pouquíssima noção do que estou fazendo e ainda estou vivo.

Então, a turma ficou bastante feliz quando tropeçamos num bufa-de-lobo gigante no meio de um campo de urtigas. Para muitos, aquele era o primeiro bufa-de-lobo que viam e, devido ao seu tamanho — o de uma bola de futebol — todo mundo ficou realmente empolgado. Era grande o bastante para alimentar a todos nós num almoço; e absolutamente delicioso depois de frito com azeite de oliva e alho.

Outro fungo muito apreciado que encontramos ao longo do caminho naquele fim de semana foi o *chanterelle*, um cogumelo amarelo com um leve cheiro de damasco. Nossa experiência de encontrá-lo foi quase a mesma de Dorothy Hartley em seu livro *Food of England*: "Você os encontra de repente nos bosques no outono, às vezes tão agrupados que parecem uma manta dourada rasgada e caída entre folhas secas e gravetos." Pode ser difícil ver os *chanterelles*, camuflados no tapete de folhas da floresta, mas seu gosto faz valer a pena manter os olhos abertos. Encontramos também cogumelos do campo e *blewits* (um fungo comum em pastagens com grama), acrescentando ainda mais sabor e textura às nossas refeições ao entardecer. Mas não pretendíamos viver só de cogumelos durante quatro dias. Eles não teriam nos sustentado durante os quarenta quilômetros que caminhávamos todo dia. Precisávamos também procurar qualquer coisa com alto teor proteico: a fonte mais óbvia eram as nozes.

As nozes mais abundantes e mais comestíveis em nossa rota eram as avelãs. As avelãs são bem caras nas lojas, mas são gratuitas, e estão disponíveis em grandes quantidades, se você souber onde procurar. Além disso, são boas de guardar; se você começa a procurar em setembro e supera os esquilos (não se esqueça de deixar algumas para eles), consegue se manter facilmente com proteína de qualidade durante um ano. Levei uma carga extra, para iniciar meu estoque de inverno, mas não durou muito tempo, porque meus supostos amigos se apoderaram dela enquanto seguíamos pelo bosque. Que tipo de pessoa rouba comida da boca de um homem que não tem um centavo? Cruzamos com nozes de nogueiras um pouco novas demais e úmidas para terem um gosto bom. Encontramos nozes de carvalho em toda parte, mas estas não tinham muita utilidade; o alto teor de ácido tânico torna seu gosto incrivelmente amargo. Porém, se eu tivesse me disposto a levá-las para casa e processá-las um pouco, poderia ter feito um delicioso pão de nozes.

As expedições para forragear podem exigir muito de uma pessoa. Manter a energia era absolutamente essencial, sobretudo se quiséssemos nos divertir à noite depois de montar nossas barracas. Eu levara baldes para coletar todas as frutas da família da amora que encontrasse ao longo do caminho: groselhas, framboesas e amoras silvestres eram as mais abundantes. Enchíamos os baldes, comíamos as frutas e os enchíamos de novo. Isso era realmente "comida para viagem". Nos supermercados, uma caixinha de framboesas cultivadas de maneira convencional pode custar até 1,50 libra; quando cultivadas organicamente, custam ainda mais. Durante a caminhada, às vezes colhíamos um balde de framboesas silvestres maravilhosas em apenas alguns minutos. Parecia que estávamos sendo pagos para viajar. A ciclovia que corresponde a um quarto da minha viagem para Bristol ficou cheia dessas frutas entre julho e setembro. Quando eu via uma aglomeração de frutinhas bem suculentas, não conseguia me conter. Meus dedos manchados de roxo me entregavam sempre que eu chegava atrasado a encontros, tentando usar a desculpa do trânsito terrível!

Montávamos acampamento toda tarde antes das seis, acendíamos o fogo e cozinhávamos os frutos do nosso trabalho sob uma lua cheia ao som de violão, violino e tambores africanos. Dançávamos, cantávamos e acabávamos dormindo, alguns ao lado da fogueira. Se alguém morasse por perto, suponho que teria reclamado. Mas era esse o ponto: não havia ninguém por perto. Durante o ano inteiro, isso foi o mais perto que cheguei de uma verdadeira libertação. Acho que comer enquanto passeamos é algo que aciona alguns botões ancestrais interiores e, embora eu não saiba por quê, é na floresta que me sinto mais vivo, colhendo a comida que a natureza oferece gratuitamente antes de adormecer sob as estrelas.

A comida em si é apenas um aspecto da experiência de forragear alimentos. É também uma grande desculpa para passar algum tempo com os amigos longe do estresse da vida moderna e do barulho permanente dos carros. Forragear combina tudo que adoro: estar imerso na natureza, aventura, exercício, boa comida e — se você conseguir convencer seus amigos a irem junto e acampar — um pouco de festa para se soltar.

Fins de semana como esse foram um grande antídoto para minha vida "normal", que, se não fosse pela minha paixão por disseminar a filosofia por trás da vida sem dinheiro, seria assim o ano inteiro. Acho que foram também inestimáveis por me ajudarem a permanecer situado quando tudo à minha volta poderia começar a me deixar um pouco louco. Se não fossem aqueles passeios sem dinheiro com meus amigos, acho que teria acontecido exatamente isso comigo.

MODA GRÁTIS

Se resolvêssemos parar de fabricar roupas neste exato momento e aprendêssemos a compartilhá-las e consertá-las, minha hipótese é de que teríamos roupas suficientes no planeta para durar mais ou menos dez anos. Essa decisão daria ao solo um descanso muito merecido. Por exemplo, 25% de todos os pesticidas são pulverizados sobre algodão; uma enorme monocultura que cobre as terras de muitas nações.

Descobri que a solução para as roupas pode ser a mesma que a dos livros; a necessidade é a mãe da invenção. Você tem roupas das quais os outros gostam, e eles têm roupas das quais você gosta; por que não organizar uma noite de permuta e fazer as pessoas renovarem seus guarda-roupas? Todo mundo sai com algo "novo", não se gasta nem um centavo, e nem uma gota de energia é usada.

Se você não se sente confiante para fazer isso sozinho, há ajuda disponível: duas organizações on-line, a Swishing (www.swishing.org) e a Swaparama Razzmatazz (digite esse nome em sua ferramenta de busca preferida, mas recomendo o Scroogle!) se dispõem a orientá-lo.

Brechós e lojas de caridade são excelentes para roupas; são uma maneira brilhante de reciclar e de apoiar o que frequentemente é uma boa causa. Porém, embora sejam muito baratas, as roupas ali não são de graça. Recomendo realizar um free shop (talvez uma vez por mês para começar), em que as pessoas possam dar e pegar o que quiserem, sem que haja necessidade de dinheiro para as roupas trocarem de mãos. Entre em contato com seu grupo Freecycle local para ver se algum dos membros já organiza algo assim.

E não se esqueça, é melhor prevenir do que remediar. Aprenda a consertar as roupas que você adora antes de elas chegarem a um ponto em que já não poderão ser salvas.

UMA SEMANA DE COMPLETO SILÊNCIO

Duas semanas depois de voltar da minha última viagem para forragear, decidi passar uma semana em silêncio. Não achei que fosse ser um grande desafio, e achei hilariante ficar sem falar e sem dinheiro durante uma semana. Se alguém tivesse me dito isso dez anos antes, eu teria engasgado com meu grande hambúrguer gorduroso.

Eu queria recuperar o controle sobre minha língua e me tornar mais consciente de como me expressar através de minhas ações. Meu ano vinha sendo intenso de muitas maneiras; do interesse do público e da mídia pela experiência até a realidade diária da minha existência, minha vida mudara bastante. Eu começara a não gostar da pessoa que estava me tornando; entre outras coisas, uma pessoa com um discurso frouxo demais. Eu criticava as pessoas, mas agira de maneira muito pior no passado. Eu me ouvia dizendo coisas contaminadas pela intenção de parecer bom, de impressionar, de parecer uma pessoa que os outros iam querer por perto e pela qual se sentiriam atraídas. Achei que seria melhor calar a boca por algum tempo e dar uma boa olhada em mim.

Durante uma viagem para forragear, em agosto, eu percebera que às vezes usava o discurso para substituir a ação e outras formas mais autênticas de comunicação. Nunca hesitava em dizer "eu te amo" para alguém, e embora muitas vezes quisesse dizer isso de verdade, dizia também por preguiça e por um desejo de manipular a pessoa que eu dizia amar a me dar o que eu queria. Se você tira o discurso, tem que mostrar à pessoa que a ama. É muito mais difícil, mas muito mais sincero. Dizer a uma pessoa que você a ama é um cumprimento fantástico, mas um recurso terrível para assegurar a confiança; muitas vezes, falta profundidade e substância às palavras.

Na charneca, Lear pergunta a Gloucester: "Como você vê o mundo?" Gloucester, que é cego, responde: "Eu o vejo sentindo." Eu o vejo sentindo. Eu queria começar a "vê-lo sentindo" mais. Nossa cultura se tornou muito intelectualizada, uma cultura em que aqueles que demonstram um intelecto forte são admirados, enquanto aqueles que sentem e compreendem as coisas instintivamente têm muito menos reconhecimento. Eu me vi caindo na primeira categoria. Em entrevistas e artigos, só conseguia justificar intelectualmente por que estava fazendo o que estava fazendo. Só o fato de sentir que o dinheiro ia contra todos os meus instintos não era algo que eu podia usar para explicar meu caso. Mas, em minha experiência, "sentir" costumava estar muito mais perto da verdade do que "saber". Eu podia fazer para você uma apresentação sobre por que métodos orgânicos de agricultura são ecologicamente mais sadios do que a agricultura convencional, ou podia levá-lo a uma fazenda orgânica e a outra convencional, não dizer nada e me afastar de você para deixar seu coração decidir qual das duas faz mais sentido.

Foi difícil nos primeiros dias. O máximo de tempo que eu já conseguira ficar em silêncio provavelmente correspondia à minha noite de sono mais longa. Não responder quando as pessoas falavam algo para mim era mentalmente cansativo: meu impulso natural é dar minha opinião sobre tudo e qualquer coisa. E eu não era nenhum Buda em potencial. No passado, raramente meditara, e nas poucas vezes que o fizera pensara em todas as coisas que tinha que fazer, em vez de me concentrar em minha respiração. Realmente acho a meditação benéfica; é uma ferramenta bastante útil para uma vida mais consciente e perceptiva. Só que eu nunca fui muito bom nisso!

Foi interessante observar como as pessoas interagiam comigo. Na segunda-feira, falaram bastante e se envolveram comigo. O mesmo na terça-feira. Mas na quarta senti que estavam falando muito menos comigo, provavelmente porque as pessoas preferem falar com aqueles que respondem e riem com elas. Isso me fez pensar em como deve se sentir um surdo ou mudo num mundo em que todas as outras pessoas podem ouvir e falar. Ou em como é viver sozinho numa cidade, cercado de pessoas. Em alguns momentos me senti sozinho, e terminei meu silêncio com um senso de empatia maior por aqueles que a sociedade parece não valorizar.

A semana fez maravilhas por minha autodisciplina, uma ferramenta que acho que precisa ser constantemente afiada. O bonito na autodisciplina é que, quando você a pratica em uma área de sua vida, ela pode ser facilmente transferida para outra. Sidarta, o herói do livro clássico de mesmo nome, de Hermann Hesse, diz, quando um empregador potencial lhe pergunta sobre suas habilidades: "Sei jejuar." "Jejuar?", pergunta o empregador. "O que há de bom nisso?" Sidarta responde: "Se um homem não tem nada para comer, jejuar é a coisa mais importante que ele pode fazer." Abrir mão de algo que você tem liberdade para fazer constrói caráter.

O que aprendi com minha semana de silêncio? Que definitivamente é muito mais difícil, se não impossível, criticar as pessoas quando não se pode falar. Que não poder irromper em reações automáticas a alguma coisa da qual não gostei me salvou de ferir os sentimentos de pessoas. E que embora eu tenha achado a semana sem falar bastante benéfica e algo que recomendaria, não tive intenção alguma de continuar com ela.

Porém, em se tratando de tomar uma decisão sobre continuar ou não a viver sem dinheiro depois do fim do meu ano oficial, eu não estava nem um pouco perto de me decidir. E só tinha algumas semanas pela frente.

TEMPESTADE DE MÍDIA 2.0

As coisas estavam prestes a enlouquecer de novo no mundo sem dinheiro. Faltando apenas um mês para o fim da minha experiência, eu esperava um novo surto de interesse da mídia. Um dia depois do fim do meu voto de silêncio de uma semana, recebi um e-mail de Adam Vaughan, um dos editores do *Guardian online*. Ele me perguntava se eu queria escrever uma postagem no blog, umas setecentas palavras rapidinhas sobre por que eu estava fazendo o que estava fazendo e como ia minha experiência. Aquilo me assustou: eu estava realmente ocupado e, embora gostasse da oportunidade de transmitir minha mensagem, meu corpo e minha mente me diziam que eu precisava de um tempo para mim, do tipo em que você não vê ninguém e não faz nada. Perguntei a Adam quantas pessoas provavelmente leriam o blog, para me certificar de que meu esforço valeria a pena. Ele disse que seriam no mínimo 2 mil leitores, mas que, se o resultado fosse bom, era possível que fossem dezenas de milhares. Aquilo era bom o bastante para mim, principalmente porque você nunca sabe aonde as coisas poderão levar. O que aconteceu deixou a mim e Adam chocados. Horas depois de minha postagem no blog, um intenso debate estava se alastrando. Mais algumas horas depois, estava abrindo caminho para chegar ao quadro dos cinco textos "Mais lidos" do site.

Os quadros do *Guardian online* são uma espécie de sistema que se autoperpetua. Pessoas com pouco tempo vão ali para ler as principais matérias rapidamente. Se uma matéria chega logo ao topo do quadro, pode ficar dias ali, movendo-se pela internet. E um intenso debate levou minha postagem direto para o topo naquela tarde, com comentários entrando um atrás do outro. Cerca de 60% dos comentários eram positivos e manifestando apoio num nível que eu nunca tivera, 10% eram curiosos, e os 30% restantes achavam que eu era um "trustafariano" (um boêmio da contracultura, de espírito livre e apoiado por fundos de um truste) de classe média e sem nada melhor para fazer.

Ironicamente, foram as críticas que fizeram o debate continuar e mantiveram a história no topo do quadro. Os comentários eram polarizados e não chegavam nunca a uma conclusão.

Tive ofertas de casamento e sexo casual (tanto de mulheres quanto de homens). Tive depoimentos que nem de longe merecia. "Fui hipócrita por usar um telefone celular e um laptop." "O que eu estava fazendo era um insulto aos pobres da África." "Eu era um egomaníaco em busca de fama num golpe publicitário..." Minha realidade estava num ponto intermediário: um cara comum fazendo o que acha que é melhor no momento, sabendo muito bem que tem tanta chance de estar errado quanto de estar certo.

A postagem acabou se tornando a matéria mais lida no *Guardian online*, com 400 mil leitores. Paul Kingsnorth (autor de *Real England* e *Um não, muitos sins*) e George Monbiot (autor de *Heat* e *A era do consenso*, entre muitos outros), duas pessoas cujos pensamentos me influenciaram muito, participaram do debate. Adam ficou agradavelmente surpreso e me pediu para fazer uma postagem subsequente, enquanto o *Guardian* em si queria um artigo para sua revista *G2*. Lá fomos nós novamente.

Eu incluíra um link para o site da Comunidade Freeconomy, e o site estava enlouquecendo. Durante dias, a comunidade recebeu um novo membro a cada minuto. Em uma semana, teve um crescimento de mais de 15%. Em novembro, recebi algo entre 75 e 150 e-mails por dia, de simpatizantes e pessoas interessadas em levar a Comunidade Freeconomy on-line para sua conclusão lógica seguinte: a vida real. De algum modo, eu até consegui receber cartas pelo correio, embora nunca tivesse revelado onde estava morando. O interessante foi que nenhum dos e-mails ou cartas foi negativo ou ameaçador. As coisas negativas pareciam precisar do anonimato de um comentário no blog, algo com o qual meu próprio blog fizera que eu me acostumasse.

Era impossível me manter em dia com os e-mails, e a mídia internacional estava de novo atrás de mim. Um dia, dei entrevistas a jornalistas de oito países. Era insano; demais para uma pessoa só. Eu tinha um livro para escrever, com um prazo que terminava em apenas seis semanas; um banquete e um festival gratuitos para milhares de pessoas para organizar; e a pequena questão da sobrevivência sem dinheiro para pensar. Mas foi uma época animada. Ver a mensagem pela qual sou muito apaixonado se espalhando pelo mundo me encheu de alegria e, felizmente, deu-me uma injeção de adrenalina muito necessária. E pela primeira vez em algum tempo não me senti sozinho no que estava fazendo. Muitos e-mails e cartas vieram de pessoas que queriam começar suas jornadas para uma vida sem dinheiro. Saber disso me deu muita força para as semanas que eu tinha pela frente.

14

FIM?

Nunca na minha vida o tempo passara tão rápido. A exaustão e apreensão que eu sentira na véspera do "ano sem comprar nada" estavam frescas em minha memória, mas a reta final estava à vista. Dez meses antes, eu não achava que novembro poderia chegar tão rápido, mas agora minha única preocupação era pensar a sério em retornar à burocracia. Há quase um ano eu não recebia pelo correio envelopes com janelinhas de plástico (um claro sinal de que eles provêm de uma máquina, e não de uma pessoa). Eu estava me fixando à ideia de não ter extratos bancários, contas de serviços públicos ou declaração de imposto de renda.

Exceto por um grande problema de saúde, eu achava que nada poderia me impedir de terminar meu ano. Nessa fase, eu sentia que podia lidar com trinta dias de quase qualquer coisa.

Mas não percebi que a reta final seria o período de maior castigo mental de todos os 12 meses. Não que eu estivesse lutando para sobreviver; isso era algo já descartado. Em vez disso, eu tinha uma oportunidade única de terminar algo que começara de uma maneira que iria maximizar o impacto e, eu esperava, fazer nascer algo maior do que apenas um homem vivendo sem dinheiro. Eu sentia que a vida era mais do que ficar nos confins de minha zona de conforto.

O FREECONOMY FEASTIVAL 2009

Dois dias antes de os blogs do *Guardian online* serem publicados, meus amigos Francene e Andy tinham me lembrado que eu prometera terminar meu ano sem dinheiro com um banquete ainda maior do que aquele que o iniciara. Eu disse "não". Eu não tinha a menor ideia de que a história causaria tanta agitação no site, e no resto da mídia. Mas ainda assim eu disse "não". Mal estava conseguindo me mexer e sabia que a responsabilidade inevitavelmente cairia sobre meus ombros.

Mas depois de alguns dias de pensamentos e persuasão, acabei concordando. O banquete do ano anterior tinha sido um dos dias mais gratificantes de que eu podia me lembrar. Disse a mim mesmo que teria tempo de sobra para dormir quando estivesse morto. Cheio de ansiedade e apreensão, concordei não apenas em organizar um banquete com três pratos para centenas de pessoas, como também um festival de um dia com tudo grátis. Era uma ótima chance de mostrar como a Freeconomy podia funcionar mesmo numa cidade e ainda que por apenas um dia; e uma maneira fantástica de celebrar o fim do meu ano sem dinheiro. Seria um enorme desafio; fazer tudo de graça para todos dependeria de todos oferecerem gratuitamente o que quer que pudessem naquele dia. "Vamos fazer algo grande", pensei. O evento do ano anterior tinha sido um banquete com três pratos para 150 pessoas. Achei que o crescimento da Comunidade Freeconomy e o interesse por ela durante o ano determinavam que dessa vez merecia ser muito maior.

Eu precisava decidir o que queríamos que acontecesse no dia e fazer uma lista de tudo que precisaríamos para tornar isso realidade. Parecia a lista que eu fizera para mim no início, exceto que agora era uma lista para apenas um dia. Mas para milhares de pessoas. Fiz uma convocação a todos os membros da Comunidade Freeconomy em Bristol e Bath que moravam num raio de quarenta quilômetros do meu trailer: em quatro semanas, eu queria realizar o maior festival sem dinheiro que a cidade já tinha visto, sem qualquer dinheiro em espécie, sem qualquer financiamento e sem qualquer doação monetária. Eu esperava ter pelo menos dez voluntários comprometidos; menos que isso tornaria as coisas realmente difíceis. Eu não estava muito confiante; faltavam apenas semanas para o dia. Mas a resposta foi enorme; um sinal de como o movimento Freeconomy tinha ido longe em 12 meses. Até mesmo Brigit Strawbridge, estrela da série de sucesso *It's not Easy being Green*, da BBC, entrou em contato, perguntando se poderia ser voluntária no dia. Em uma semana, eu tinha uma equipe de quase sessenta voluntários. A maioria deles eu nunca tinha visto. Mas no fim, muitos deles haviam se tornado amigos.

Convoquei uma reunião dos voluntários à tardinha, apenas três semanas antes do Dia Mundial sem Compras de 2009. Primeiro, precisávamos decidir se era possível cumprir a missão num tempo tão curto. Segundo, tínhamos que decidir o que faríamos, como faríamos e quem faria o quê. Depois de uma reunião de quatro horas extraordinariamente eficiente, todos concordaram que iríamos em frente, que seria um evento grande e que todos tinham que ser responsáveis por fazer um pouco acontecer. Era a Freeconomy em ação.

BEBÊS LIVRES DE FRALDAS!

Pais interessados em descobrir maneiras inovadoras de poupar dinheiro e também os recursos do mundo me perguntam muitas vezes sobre fraldas. Fraldas descartáveis são uma regra na sociedade ocidental; poucas mães poderiam, compreensivelmente, imaginar algo diferente. De acordo com a Women's Environmental Network, cerca de 8 milhões de fraldas são jogadas fora todos os dias só no Reino Unido. Os bebês britânicos usam 3 bilhões de fraldas por ano. Isso custa a seus pais, em média, quinhentas libras por ano; duas semanas inteiras de trabalho para alguém que ganha salário mínimo.

Optar por fraldas laváveis poderia evitar esse desperdício e custar menos. Mas, embora as fraldas de pano sejam uma alternativa excelente, há outras opções. O Nappy-Free Baby (www.nappyfreebaby.co.uk), ou "Elimination Communication", como também é conhecido, é um método de treinamento para o uso de penico em que o pai, a mãe ou outra pessoa que cuida do bebê usa sinais, pistas e intuição para lidar com a necessidade da criança de fazer cocô. O ideal é não usar fralda nunca, mas em algumas situações elas podem ser necessárias. O Elimination Communication não apenas reduz drasticamente as montanhas de fraldas do mundo, como permite aos pais ficar mais sintonizados com seus filhos.

A prática é inspirada em métodos tradicionais de culturas menos industrializadas, portanto, embora pareça nova para a maioria de nós, é simplesmente uma retomada de um conhecimento antigo.

Eu a vi funcionar e fiquei absolutamente chocado. Não tinha a menor ideia de que um bebê não precisa de fralda e fiquei ainda mais chocado por não ter percebido isso muito antes!

Havia apenas dois pequenos obstáculos. O primeiro deles era a promoção: isso era urgente, mas só podia acontecer quando superássemos o segundo obstáculo: encontrar o lugar. O evento seria grande. Precisávamos encontrar um lugar grande, de localização central, onde pudéssemos usar o espaço de graça. Não era uma tarefa pequena.

Francene — responsável por me persuadir durante o que se tornou um trabalho de 180 horas intensas e sob pressão exatamente ao mesmo tempo em que a mídia mundial mais uma vez se interessava pela minha história — pôs seu traseiro para se mexer tardiamente, mas como sempre em boa forma. Ela entrou em contato com Oli Wells, diretor de um local promissor em Stokes Croft, uma área de Bristol que nos três anos anteriores deixara de ser um lugar repleto de pessoas sem-teto e de abuso de drogas para se tornar um bairro artístico da cidade. Francen explicou o que queríamos fazer e por quê. Oli ficou extremamente entusiasmado e nos ofereceu de graça todo o segundo andar de seu local altamente cobiçado. Disse que, se pudéssemos fazer um DVD de todo o evento e de sua preparação, ele gostaria. Mas, em puro estilo Freeconomy, não fez disso uma condição.

Só havia um pequeno problema com o local: não tinha cozinha. Na verdade, não tinha sequer água corrente. Tínhamos o espaço perfeito, mas precisávamos encontrar fogões, gás, talheres, mesas, cadeiras, panelas, utensílios, pratos, copos e tudo mais que um restaurante precisa. Teríamos que pegar tudo emprestado, levar para o local por um dia e devolver tudo — são e salvo — às pessoas certas no dia seguinte. Tentei não deixar isso me impressionar, mas era mesmo uma monumental missão sem dinheiro.

Fiz uma lista com nosso principal chef, Andy Drummond. Enviei alguns e-mails e falei com algumas pessoas. Em uma semana, sete organizações tinham nos prometido equipamentos de cozinha suficientes para alimentar e acomodar cerca de mil bocas durante uma noite. (Uma das organizações era a instituição de caridade para a qual eu fizera a previsão de fluxo de dinheiro naquele ano). Voluntários que tinham assumido a tarefa de encontrar o gás de que precisávamos para fazer nossos fogões funcionarem conseguiram trinta quilos de butano que seriam destinados a depósitos, para nunca serem usados.

Precisávamos levar tudo para lá a tempo. Uma equipe de motoristas e ciclistas se reuniu para fazer isso acontecer. O item seguinte da lista era a comida; era o segundo em prioridade, porque, se não tivéssemos nem local, nem cozinha, não precisaríamos dela. Montamos três equipes para forragear alimentos silvestres, uma delas liderada por Fergus, outra por Andy e a terceira por James, que também se ofereceu para ensinar sua equipe a colher e espremer maçãs para fazer suco para o dia.

Foram montadas três equipes para procurar comida em latas de lixo, lideradas por Cai e Abby, os mais experientes nessa atividade. Cai podia subir muros de quase cinco metros de altura e escorregar em postes de luz de uma maneira que me levava a crer que ele já trabalhara como bombeiro ou no circo. Nossa ideia era combinar a obtenção de comida para o banquete com o ensino de como forragear e fuçar latas de lixo; um esquema total e mutuamente benéfico. Acredito muito no aprendizado através da prática, e era isso sem dúvida, que aconteceria.

O evento inteiro foi sobre educação e compartilhamento de habilidades. Algumas pessoas que cozinharam no dia eram chefs treinados, outras nunca tinham cozinhado para muita gente, e algumas mal cozinhavam para si próprias. Foi meu primeiro esforço para montar uma cozinha a partir do zero, e aprendi bastante em pouquíssimo tempo. Tudo, dos regulamentos de gás à logística para que uma cozinha inteira fosse entregue num local num dia e enviada de volta no dia seguinte, sem gastar um centavo no processo.

Enquanto os voluntários em busca de comida estavam ocupados nos bosques e nas latas de lixo, entrei em contato com organizações e negócios de comida locais. Fui me encontrar com Pete e Jacqui, dois organizadores da filial da Fareshares em Bristol, para ver se eles queriam participar. Eu tinha uma enorme admiração pelo trabalho que eles estavam fazendo. Assim como todas as outras pessoas com as quais falamos, Pete e Jacqui disseram um "sim" bastante entusiasmado. A Fareshares estabeleceu ligações formais com alguns supermercados; sempre que os supermercados sabem que não conseguirão vender parte de sua comida, a Fareshares a recolhe e a entrega em lugares como abrigos de sem-teto, que provavelmente não conseguiriam sobreviver sem isso. Mas, às vezes, até mesmo eles tinham comida jogada fora em excesso para entregar. Eles ficaram felizes por ajudar, e prometi mencioná-los nas entrevistas que daria no dia. Recebemos tudo deles — de pão (cerca de duzentos pães de forma orgânicos), feijão e mix de petiscos Bombay até um empréstimo de trezentos copos. A contribuição deles acabou sendo uma grande van abarrotada com duas toneladas de comida; o bastante para suprir o básico da refeição.

Fiz contato com alguns varejistas locais que também sofriam a frustração de serem obrigados, por lei, a jogar boa comida na lata de lixo. Uma cooperativa de comida orgânica local, a Essential, forneceu alguns tipos de alimentos que não tínhamos conseguido com a Fareshares: cuscuz, trigo bulgur, arroz, farinha, nachos, leite de arroz e de soja, batata frita, chocolate e sacolas enormes de outros petiscos. Ou estávamos com sorte, ou nosso sistema de alimentos atual desperdiça ao extremo. A experiência me dizia que era a segunda opção.

Faltava um ingrediente crucial: álcool. Mas Andy Hamilton e uma equipe de alegres fabricantes de cerveja caseira estavam prontos. Três semanas antes do Dia Mundial sem Compras de 2009, eles tinham começado o trabalho cheios de energia, produzindo cerca de quatrocentos litros de cerveja. Fizeram cervejas de todo tipo: de melaço, de milefólio e até uma mistura picante contendo ingredientes como canela, que eu jamais teria imaginado que funcionasse numa bebida alcoólica. Mas funcionou; todas as cervejas ficaram fantásticas. Nove litros de bebidas destiladas foram doados por pessoas que as retiraram de seus armários. Oficialmente, tínhamos uma festa acontecendo.

Francene, Fergus, Cai e eu saímos na noite anterior ao Feastival. Depois de percorrermos alguns becos sem saída, nos deparamos com uma mina de ouro: setecentos potes de cobertura de chocolate orgânico de comércio justo, que teriam custado 2 mil libras nas lojas algumas semanas antes. Sendo realista, como aquilo era em sua maior parte açúcar, ainda estaria bom para comer cinco anos depois. Mas a lei é a lei e não leva em conta o discernimento humano.

O banquete com três pratos — de fato, toda a comida do dia — seria totalmente vegano. Mas estávamos sentindo falta de alguns ingredientes vitais: frutas e verduras. Consegui alguma coisa com Christina, da Somerset Organik Links, uma cooperativa de agricultores orgânicos que unem suas colheitas e seus recursos numa tentativa bem-sucedida de impedir o controle da indústria alimentar pelos grandes supermercados. Christina acabou fornecendo cerca de noventa quilos de verduras; fantástico, mas faltavam ainda cerca de 140 quilos para termos o que precisávamos.

Abby (uma americana que se mudara para o Reino Unido com a ideia de viver sem dinheiro) liderou uma equipe para atacar latas de lixo durante duas noites, voltando com verdura à beça. Mas mesmo assim não era nem de perto o suficiente para corresponder à demanda que prevíamos. Organizamos uma equipe — Elly, Fergus e Cai — para ir ao mercado de frutas e verduras local, com o qual cerca de 15 atacadistas atuavam. Era uma estratégia arriscada. Eles só podiam ir ao mercado na manhã do festival; se fossem antes, os atacadistas ainda não teriam seus pedidos finais e não saberiam o que estava prestes a apodrecer. Mas, concluindo que essa era nossa melhor aposta, a equipe prosseguiu com o plano. Eu estava bastante nervoso; milhares de pessoas estavam esperando comida. E apenas duas horas antes do horário marcado para a equipe da manhã, de 25 pessoas, começar a preparar e cozinhar as verduras, só tínhamos metade do que precisávamos.

Aquela era a manhã do meu último "dia sem dinheiro oficial". Por causa das entrevistas, fiquei para trás, com os dedos firmemente cruzados, enquanto a última equipe partia em busca de comida jogada fora. Tentei me concentrar em divulgar o Feastival e o site em todas as entrevistas, mas minha mente não conseguia deixar de vagar pelo mercado de atacadistas, imaginando se a equipe estava sendo escoltada para fora do recinto de mãos vazias. No meio de uma entrevista à rádio BBC de Kent, a estação local de Fergus, recebi uma mensagem de texto de Cai: a águia tinha pousado, e eles estavam com a van cheia de comida. Os caras do mercado ficaram felizes por ajudar: também odiavam a rotina semanal de jogar fora verduras boas toda manhã de domingo. Estava tudo certo para o Freeconomy Feastival!

A comida era apenas uma parte do dia. Elsie e Katey, duas voluntárias de Stroud (uma cidadezinha ao norte de Bristol), passaram duas semanas recolhendo roupas para uma grande loja de roupas grátis para permuta, da qual qualquer pessoa podia participar, deixando coisas das quais estava cansada ou apanhando coisas de que gostava. Elas fizeram também um canto criativo para mostrar às pessoas como consertar roupas e fazer objetos úteis a partir de coisas como embalagens velhas.

Julia, Elly e Di recolheram livros para serem trocados, reunindo centenas de livros antes de o dia começar. Organizei um programa de oito palestras, durante o dia inteiro, incluindo pessoas como Claire Milne (uma das consultoras de política alimentar do Transition Towns), Alf Montagu (colaborador regular de programas de televisão sobre freeganismo), Ciaran Mundy (consultor de economia alternativa do Transition Towns), Fergus (fazendo todo tipo de coisa ridícula a partir de alimentos silvestres) e eu, compartilhando minha experiência de viver sem dinheiro durante um ano.

Sarah se ofereceu para organizar os entretenimentos do dia, reunindo alguns dos músicos mais adorados da cena de Bristol. Normalmente, custaria muito dinheiro contratar suas bandas para uma noite, mesmo que você tivesse sorte e eles estivessem disponíveis numa noite de sábado. Sarah não teve que pedir a nenhum deles: eles entraram em contato com ela, oferecendo-se para se apresentar de graça. Pareciam tão entusiasmados quanto nós. Não satisfeita com isso, Sarah também conseguiu um palco com energia à base de pedais, cedido por um projeto local, o Bicyclette, o que significou que toda a música da noite não utilizaria energia elétrica. Pessoas do público ficavam 15 minutos sobre a bicicleta para manter a amplificação do som. Eu conseguira uma *smoothie bike* — uma bicicleta com um liquidificador movido a pedal — com o Bristol Food Hub. O aluguel por um dia de um kit como esse custaria normalmente de 150 a 250 libras, mas as duas organizações ofereceram seus equipamentos de graça. Parece que, quando você começa uma coisa com a intenção de dar, e não de receber, é quase impossível impedir que os outros queiram fazer o mesmo.

Organizei um cinema grátis no qual exibimos filmes com temas diferentes: "O dinheiro como dívida", "A história das coisas", "Terráqueos", "A era da estupidez" e "O cinema de transição". Tivemos também um número de stand-up incrivelmente divertido, mas esclarecedor, de Rob Newman: *The History of Oil*. Alguns profissionais de saúde que trabalhavam no edifício, alguns andares acima, e que normalmente cobravam mais de trinta libras por uma hora de acupuntura, massagem e outros tratamentos, ofereceram seus serviços de graça. Vi depois terapeutas aproveitando a comida e a bebida e dançando. Eles reforçaram minha crença de que havia realmente outra maneira de fazer as coisas, uma maneira baseada em dar, e não em trocar. Uma maneira que podia funcionar de verdade.

Depois de três dias inteiros arrumando o lugar e conseguindo a comida, o dia estava diante de nós. Eu tinha uma agenda bastante movimentada, incluindo uma série de 16 entrevistas que começava às seis da manhã e atravessava o dia. Uma delas foi uma entrevista ao vivo para o BBC News 24, parcialmente responsável pelas filas enormes que se formaram em frente à Hamilton House a partir do momento em que as portas se abriram. Além das entrevistas, eu tinha a pequena função de organizar um festival gratuito de 14 horas, incluindo no meio dele uma palestra de noventa minutos.

Parece pior do que um encontro romântico com Maggie Thatcher. Mas foi um dos dias mais gratificantes que alguém poderia imaginar. A atmosfera — tanto na cozinha quanto no meio do público — foi incrivelmente positiva e estimulante. Os milhares de pessoas que apareceram não conseguiam entender como tudo aquilo era grátis, sem qualquer donativo ou financiamento permitidos. Pessoas de muitas realidades socioeconômicas diferentes (vi homens de negócios e sem-teto conversando como pessoas, e não como rótulos) se juntaram para aproveitar um raro dia em que tudo que elas podiam imaginar era totalmente grátis.

Às sete da noite, minha única tarefa que faltava era sentar, comer a comida incrível que a equipe da cozinha tinha preparado — incluindo um sorvete de beterraba-do-mar fantástico, feito por Fergus, e diversos pratos de macarrão e curry — e beber uma boa cerveja caseira orgânica enquanto ouvia algumas de minhas bandas favoritas. As quatro semanas de trabalho intenso tinham valido a pena. Alimentamos quase mil pessoas, cada uma delas com pelo menos um prato, e mais de 3.500 compareceram. Pessoas falaram sobre o evento durante semanas, sem conseguir acreditar que tudo tinha sido feito realmente sem gastar um centavo. Parecia que a Freeconomy definitivamente já não era território de verdes, esquerdistas e hippies.

Foi um dia emocionante. Ver todo mundo dando o que podia àquele dia, sem pensar em receber qualquer coisa em troca, foi imensamente inspirador. Para mim, foi o exemplo mais bonito de como as coisas poderiam ser se escolhêssemos viver a vida pensando "quanto posso dar?", em vez de "quanto posso conseguir?". Alguns voluntários serviram comida incansavelmente durante 12 horas, sem mal fazerem um intervalo. Quantos funcionários pagos fariam isso? Mas eles tinham sorrisos autênticos em seu rosto.

E por mais que fosse realmente um trabalho duro, com pouca coisa em troca além da alegria de fazê-lo, todos nós lamentamos quando acabou. Conheci muitas pessoas incríveis e fiz muitos novos amigos. Toda a experiência criou um laço fantástico.

Durante as últimas semanas, minha cabeça prevalecera sobre meu coração, dizendo-me para voltar a viver com dinheiro. Isso em parte devido a complicações em minha visão a longo prazo para o projeto Freeconomy, e em parte porque eu sentia que precisava de um tempo. Viver sem dinheiro não era tão difícil quanto eu imaginara, mas fazer isso numa sociedade movida apenas pelo desejo de ter mais parecia ser nadar contra uma corrente forte. Mas achei o Feastival tão inspirador que decidi adiar uma decisão definitiva. Minhas emoções estavam intensas, e eu sentia que precisava deixar as coisas se acomodarem. Qualquer caminho que eu tomasse seria uma decisão de vida importante.

CONTINUAR OU NÃO CONTINUAR

A vida tinha sido superocupada nos últimos dois meses. Eu não tivera uma oportunidade adequada de pensar se queria continuar vivendo sem dinheiro depois que meu ano terminasse oficialmente. Em alguns aspectos, era uma decisão simples, mas até o último dia eu estava dividido. Meu coração — além de muitas partes de minha cabeça — dizia um enorme "sim". Eu nunca me sentira tão feliz, tão saudável ou tão adaptado em minha vida; por que voltar para um caminho menos agradável?

Porém, a vida raramente é feita de extremos. Eu finalizara um acordo para um livro algumas semanas antes, o que significava que o dinheiro esperava por mim. O livro seria vendido a dinheiro, independente do que eu decidisse fazer. E geraria *royalties* que eu poderia usar como quisesse. Eu tinha que escolher o que faria com a renda:

1. Deixar a editora ficar com o dinheiro. Isso não agradaria a minha agente, Sallyanne! Ela tinha sido fantástica comigo o ano inteiro, permitindo a mim recusar pagamentos que tanto eu quanto ela normalmente teríamos recebido. E ela tivera um trabalho enorme para editar o livro.
2. Deixar minha agente ficar com toda a renda. Tenho certeza de que Sallyanne ficaria muito feliz!
3. Dar a renda a um projeto que eu quisesse apoiar.

4. Criar um fundo fiduciário para ajudar a comprar um terreno para a primeira Comunidade Freeconomy "real". Eu decidira que se escolhesse essa opção, eu seria o dono da terra e a comunidade seria dirigida por seus membros de acordo com um consenso.

Eu não tinha a menor ideia do que fazer, portanto postei no site da Comunidade Freeconomy pedindo conselhos. A resposta foi uma das maiores que tive; mais de quinhentas pessoas comentaram ou me enviaram e-mails.

A DECISÃO

O resultado foi esmagador. Aproximadamente 95% das pessoas me incentivaram a escolher a opção 4. (Talvez quisessem um lugar para ir e ficar de vez em quando, de graça!) Eu tomei a grande decisão: concordar com a opinião majoritária dos membros da Freeconomy e, enquanto isso, continuar sem dinheiro por tanto tempo quanto conseguisse.

Recebi algumas críticas suaves, embora muito bem-intencionadas, dos 5% que queriam que eu escolhesse a opção 3. Foi difícil receber essas críticas, vindas de pessoas que eu respeitava e, mais importante, com as quais concordava quase inteiramente. No fundo, elas, assim como eu, eram idealistas. Porém, com o passar dos anos, aprendi a deixar que o idealista dentro de mim tivesse conversas regulares com o realista. Dois anos antes, sem dúvida eu teria escolhido a opção 3. Será que eu estava ficando mais sábio ou saindo do meu caminho?

Os críticos disseram que a verdadeira Comunidade Freeconomy já não seria sem dinheiro se eu comprasse a terra. A comunidade não poderia oferecer solução alguma à sociedade, disseram, e seria uma farsa. Não pude discordar de todo deles. Mas acho que a vida é cheia de dilemas desse tipo; tudo que podemos fazer é escolher a melhor opção, investir bem nela e questionar sua razão de ser todos os dias. Esses críticos não sabiam que eu pagara pelo site da Comunidade Freeconomy — a infraestrutura que estavam usando para fazer seus comentários — com a renda da venda da minha casa flutuante. O fato de eu ter pago pelo site anula o fato de ele permitir a milhares de pessoas caminhar para uma vida com menos dinheiro e para a reconstrução de comunidades sólidas? Senti que as duas situações tinham paralelos importantes a serem examinados. E havia algo mais que considerei relevante. Os escravos frequentemente tinham que comprar sua liberdade para que eles e seus filhos pudessem ser livres. É aceitável fazer um único pagamento para comprar a liberdade de alguém a longo prazo? Ou será que pagar ao dono do escravo reforça o sistema que você quer mudar? Ainda não tenho uma resposta definitiva.

PERÍODO MENSTRUAL GRÁTIS

Quando você começa a viver sem dinheiro, os primeiros problemas que precisa resolver são aquelas áreas em que usa produtos descartáveis. Obviamente, você não pode comprá-los. E produtos descartáveis consomem tempo e recursos.

Como sou homem, a questão da menstruação sem dinheiro nunca me afligiu. A saúde das mulheres certamente não é o meu forte. Para enfrentar os períodos menstruais, a maioria das mulheres opta por absorventes higiênicos descartáveis. De acordo com consultores de resíduos da Franklin Associates, em 1998, 6,5 bilhões de absorventes internos e 13,5 bilhões de absorventes — além de suas embalagens — acabaram em aterros

> sanitários ou sistemas de esgoto. Para enfrentar períodos menstruais sem dinheiro, existe uma solução óbvia que até mesmo eu conheço: o coletor menstrual. Trata-se de um copo de borracha que a usuária insere na vagina para coletar o fluxo menstrual. O copo é mantido no lugar, sobre o colo do útero, por sucção. Com os cuidados devidos, um copo menstrual pode durar a vida inteira, permitindo a você usar menos dinheiro e ainda ajudar realmente o meio ambiente com essa pechincha.
>
> Mais uma vez: a opção que poupa dinheiro é também a opção que pode manter nosso ambiente natural habitável por seres humanos.

A VISÃO A LONGO PRAZO DA COMUNIDADE FREECONOMY

Escolhi a opção 4. Decidi criar um fundo fiduciário para o qual irá toda a renda do livro. O dinheiro será usado para comprar o primeiro terreno onde o projeto poderá criar raízes. No momento em que estou escrevendo, os detalhes finais ainda precisam ser resolvidos: o ano em si consumiu todo o meu tempo e, nos poucos meses desde que o ano terminou, tenho me concentrado inteiramente em escrever este livro. Mas tenho a visão na minha cabeça.

A comunidade será baseada nos mesmos princípios da Comunidade Freeconomy on-line e do meu ano sem dinheiro. Faremos a infraestrutura usando o mínimo de dinheiro possível e o máximo possível de material local jogado fora, de paixão humana e de determinação. Haverá um período de transição, após o qual o dinheiro — seja em notas, moedas, cheques ou dinheiro eletrônico — não será usado. Será uma comunidade que terá em seu cerne comida, amizade, diversão, fogo, forrageia, música, educação, compartilhamento de recursos, dança, arte, cuidados, compartilhamento de habilidades, experiência, respeito e procura de comida e coisas úteis no lixo.

Em termos de permacultura, nosso objetivo é ser um "sistema de circuito fechado", em que suprimos nossas necessidades no meio ambiente local. Entretanto, em termos de inclusão e alcance, até onde a terra for capaz de nos sustentar, pretendemos ser a comunidade mais aberta possível. Cada membro da comunidade on-line será bem-recebido se vier e se envolver. E quando partir, ele será livre para levar qualquer ideia que achar útil e para incorporá-la a sua vida. Mas isso não termina aí. A comunidade estará aberta a qualquer pessoa que precisar dela e àqueles que quiserem passar um pouco de tempo explorando a vida sem dinheiro como opção para seu futuro.

Vamos misturar a vida de baixo impacto com a educação e a experiência de alto impacto. Acredito na educação através do fazer, portanto grande parte do aprendizado virá através da vivência diária. Sairemos por essa terra com pessoas que sabem o que estão fazendo e, no processo de ajudar um ao outro a viver, todos aprenderão o que quiserem e precisarem aprender. Pretendo que a comunidade se torne um centro de excelência em sustentabilidade, com ensinamentos dos maiores profissionais do mundo. Os professores darão seu tempo e compartilharão suas habilidades gratuitamente, ofereceremos a terra gratuitamente e os estudantes aprenderão gratuitamente. Esperamos que eles transmitam seus aprendizados a outras pessoas também gratuitamente.

É assim mesmo que o Freeskilling funciona. O Freeskilling chegou hoje a um estágio em que não temos que procurar bons professores; eles se oferecem para compartilhar suas habilidades, e nós aceitamos de bom grado. Os cursos de sustentabilidade muitas vezes custam caro demais para voluntários e pessoas com salários baixos. Esse sem dúvida não será o caso da comunidade. Quero ver pessoas de todos os estilos de vida se inscrevendo, não apenas aquelas que já estão adiantadas no caminho para uma vida mais ecológica. A educação realmente pode ser gratuita. Tudo que é preciso é determinação daqueles que podem ajudar a educar os outros.

O compartilhamento de habilidades fará parte da vida das pessoas que viverem permanentemente na comunidade. O grupo central de pessoas com habilidades diversas que viverá aqui compartilhará suas habilidades ao longo do tempo. Num dia, o carpinteiro ajudará o forrageador; e este, no dia seguinte, ajudará o agricultor. Numa noite, você sairá para coletar lixo; no dia seguinte, fará o jantar para aqueles que estiverem trabalhando duro em outras tarefas. Todos poderão descobrir o que gostam de fazer de verdade, com flexibilidade para fazer algo diferente se quiserem. Se alguém que é crucial para o sucesso do projeto precisar ir embora, um número qualquer de pessoas poderá ajudar a preencher o vazio até a próxima pessoa adequada chegar.

Não será fácil encontrar um terreno perfeito, mas espero que seja num raio de oitenta quilômetros de Bristol. Para ser autossustentável, você precisa de recursos. O mais importante é uma fonte de água, de preferência um rio, não apenas para prover água potável, mas também para poder lavar com facilidade, para criar energia por meio de micro-hidroelétricas e, não menos importante, para nadar no verão. Um pouco de mata será crucial: algumas árvores frutíferas estabelecidas nos aproximariam ainda mais do plano perfeito. Mas não estou esperando perfeição; a probabilidade é de que, se satisfizer alguns critérios, será viável.

A comunidade será uma espécie de "parque temático" de sustentabilidade. Incluirá todos os tipos de moradias de baixo impacto para as quais pudermos obter permissão: naves terrestres (adoraria que a casa da fazenda fosse uma nave terrestre), outros tipos de casas solares passivas, estruturas de terra batida e mais. Terá um sistema de tratamento de dejetos com plantas aquáticas, sanitários compostáveis para fazer adubo de fezes humanas, hortos florestais, estufas, colmeias, turbinas eólicas, fornos a lenha e fogões-foguetes. A chave está no projeto. Se o fizermos da maneira certa, eliminaremos quase completamente a produção de resíduos. A terra trabalhará conosco, e nós com a terra, para tornar a comunidade tão eficiente em energia quanto for possível.

Não está clara qual será a estrutura legal da comunidade. Sei que, no início, até a comunidade conseguir se manter de pé sozinha, haverá uma espécie de comissão diretora. Essa comissão orientará a comunidade durante sua infância e a manterá fiel a suas intenções e integridade originais. Assim como pais que cuidam de um filho recém-nascido, a comissão a ajudará em seus anos de formação, mas não será a dona dessa criança. Haverá uma série de diretrizes centrais — como ser orgânico e sem dinheiro — das quais a comunidade não poderá se afastar, mas além disso sua estrutura será criada pelas pessoas que viverem ali.

Há muitos obstáculos a essa visão: impostos, licenças para projetos, pressões sociais, opiniões locais e a pequena questão de adquirir um terreno adequado. E esses são apenas alguns dos mais óbvios. Será preciso lidar em algum momento com todas essas questões. E se não formos nós, quem será? Devemos deixar essa batalha para a próxima geração enfrentar? Afinal de contas, isso a afetará mais do que a nós. Ou devemos, como pais, tentar assegurar que nossos filhos herdem um bom planeta habitável quando o nosso tempo acabar, da mesma maneira que gostaríamos que herdassem uma boa casa, que trabalhamos duro, a vida inteira, para pagar?

ENTRE O SONHO E A REALIDADE

Meu ano vivendo sem dinheiro terminou oficialmente à meia-noite de 29 de novembro de 2009, um domingo. Eu conseguira. Eu tinha uma cláusula óbvia, se quisesse: concluíra o que me determinara a fazer. Mas não queria parar; queria realmente continuar.

Ao tomar a decisão de não voltar, senti-me como se tivesse tirado um grande peso das minhas costas. E o apoio que recebi dos meus amigos e da minha família foi enorme. Eles não acharam estranho; senti que aceitaram minha escolha não porque me amavam, ou apesar de me amarem, mas porque podiam ver como a experiência funcionara e como me fizera feliz.

Quase imediatamente depois de tomar a decisão, eu soube que era a decisão certa. Dias depois do Feastival, caminhei pelo principal shopping center de Bristol e passei algum tempo observando o que acontecia. Senti como se as pessoas tivessem perdido a cabeça. Nos Estados Unidos, em 2008, um funcionário de um supermercado foi morto quando uma multidão de consumidores famintos por ofertas não conseguiu se conter até o início das vendas e pisoteou o cara até a morte, ao correr para os corredores. Uma situação semelhante aconteceu aqui no Reino Unido em 2005, na inauguração de uma loja de móveis gigante. Várias pessoas foram esmagadas (não de maneira fatal) por outras que estavam à procura de ofertas no evento de abertura. Na Arábia Saudita, em 2004, três pessoas foram mortas e 16 ficaram feridas em nome de uma "caça" a ofertas. A que ponto chegamos quando pisoteamos alguém até a morte para economizar algumas libras...

Era o auge da temporada de compras do Natal, e o shopping center era o caos. No meio da multidão alvoroçada que ia às compras apareceu um grupo de pessoas segurando uma placa: "Abraços Grátis". Durante 15 minutos, essas pessoas fizeram exatamente isso: deram um abraço grátis a qualquer pessoa que quisesse. Formou-se uma fila, tamanha foi a popularidade do "produto". Mas abraços grátis não dão dinheiro; elas logo foram retiradas dali, escoltadas por guardas de segurança. O shopping center parece uma rua pública, mas a terra ali é propriedade privada; aquelas pessoas não tinham permissão nem para dar abraços de graça nessa terra corporativa. A mim pareceu que na cultura consumista de hoje você tem permissão (na verdade, é ativamente incentivado) para consumir muito mais recursos do planeta do que qualquer um poderia de fato "precisar" — mas não tente abraçar alguém no meio do caminho.

Apesar desses lembretes de que vivo num mundo movido pelo vício de acumular cada vez mais lucro, meu ano sem dinheiro me dera uma enorme esperança. Todo dia, eu recebia incontáveis e-mails e comentários no blog de pessoas que diziam que, embora não conseguissem se ver ficando completamente sem dinheiro, queriam muito fazer grandes mudanças em sua vida. Algumas queriam "enxugar" e reduzir seu consumo, para que pudessem trabalhar menos e viver mais. Muitas queriam reduzir suas pegadas de carbono drasticamente. Outras queriam apenas começar a reciclar o lixo. De maneira ainda mais encorajadora, centenas queriam vir e ajudar a criar a primeira comunidade sem dinheiro da sociedade contemporânea.

Estamos muito longe de uma vida sustentável, que dirá de uma vida sem dinheiro. Mas cada vez mais pessoas estão conscientes dos desafios que a humanidade enfrentará no futuro. Todo ano, cada vez mais centímetros de colunas de jornais e revistas se dedicam a questões ambientais, e as mudanças climáticas permanecem no topo das notícias. As pessoas realmente estão fazendo mudanças: algumas pequenas, outras enormes, mas numa direção mais ecológica. Sei que levará tempo. Mas é vital plantar tantas sementes quanto pudermos agora, se quisermos que nossos filhos se beneficiem dos frutos. Só porque você não vai se sentar à sombra do carvalho não significa que não deve plantar a árvore.

Levantei-me do banco e caminhei para o norte, para fora do shopping center. Olhei para trás e sorri. O que quer que aconteça — seja adotarmos mudanças ou nos consumirmos no esquecimento —, é importante lembrar que, nas palavras do lendário comediante Bill Hicks, "é só um passeio". Aproveite esse presente pelo que ele é, e não pelo que você quer que ele seja.

15
LIÇÕES DE UM ANO SEM GRANA

Não importa o estilo de vida que você escolheu, lições surgem todo dia. O problema é que geralmente não somos muito receptivos a elas. Pior ainda, muitas vezes vemos as lições como fracassos, perturbações ou até mesmo desastres, e não como uma chance de aprender algo novo. Em *A trilha menos percorrida*, M. Scott Peck diz: "A vida é difícil... mas quando realmente entendemos e aceitamos isso... a vida já não é difícil." Em alguns aspectos meu ano foi duro e em outros foi a época mais feliz da minha vida. No verão da minha experiência, eu aceitara que a vida não tem que ser "perfeita" e que eu não tinha nenhum direito divino a tudo que a sociedade me diz que posso ter. Eu me rendi ao fato de que a vida era exatamente como tinha que ser durante todo o tempo: perfeitamente imperfeita. Depois disso, aceitar as pequenas perturbações, os pequenos inconvenientes que a vida sem dinheiro acaba colocando em nosso caminho se tornou divertido.

Meu experimento mudou drasticamente a forma como vivo. Aprendi mais durante o ano do que em qualquer outro período de 12 meses que tenha vivido. Algumas dessas coisas aprendi de forma tão inconsciente que nem sequer percebi que as tinha aprendido.

NÃO SUBESTIME OS OUTROS

Uma das coisas mais difíceis da vida sem dinheiro foi o pensamento sobre o que as outras pessoas poderiam pensar. Eu não estava muito incomodado com a sociedade em geral, mas temia que meus pais achassem que eu estava jogando fora tudo pelo que trabalharam tanto. Essa preocupação acabou se revelando completamente infundada: o aspecto do ano que me fez mais feliz foi a reação dos meus pais. Não sei bem o que eles pensaram no início; não conversamos muito sobre isso. Tenho sorte: mesmo que tivessem discordado de minha postura — e pode ser que tivessem —, eles teriam me dado todo o apoio que pudessem. Pode ser que de início tenha sido difícil para eles aceitarem. Eles tinham me visto trabalhando trinta horas por semana para pagar a minha faculdade e tinham me ajudado bastante ao longo do caminho. Agora me viam renunciando a tudo isso.

Tem sido interessante vê-los seguindo em sua jornada desde que iniciei meu caminho. No começo, eu me exaltei, dizendo a eles que tudo que faziam estava errado, que minha opinião estava certa e que eles precisavam mudar. Compreensivelmente, isso ergueu muros, defesas através das quais nenhum de nós podia se comunicar de maneira apropriada. Mas era eu quem precisava mudar. O que tornava minha opinião melhor do que a deles — ou do que a de qualquer outra pessoa, aliás? Parei de chatear. Parece que o poder dos filhos de chatear só funciona quando eles estão tentando fazer os pais comprarem mais, e não menos.

Cerca de seis meses depois de minha decisão de deixá-los em paz, notei pequenas mudanças. Uma vez, minha mãe telefonou para me dizer que decidira se tornar vegetariana. Outra vez, ligou para dizer que ia parar de comprar tanta coisa. Apenas pelas informações que dei — sem qualquer julgamento ou alegação de que estava certo — meus pais começaram a questionar as coisas por si mesmos. Não porque eu estava lhes dizendo, mas porque queriam. Por fim, eles apoiaram meus planos e minha vida sem dinheiro. Não há sinal algum de que eles vão se juntar a mim em meu caminho, mas estão constantemente questionando como vivem sua vida e estão fazendo pequenas mudanças quase toda semana. Ofereceram-se para me ajudar de qualquer maneira que puderem a criar a comunidade. Não espero que vivam como eu, assim como eles não esperam que eu viva como eles. Eles me deram lições sobre o que é preciso para coexistirmos neste planeta.

Eu jamais recomendaria não lutar pelo que você acredita por causa do que outras pessoas poderiam pensar. Mas estou começando a perceber que não tenho direito algum de criticar os outros por defeitos que todos nós temos, ou tivemos. É muito mais construtivo apoiar um ao outro a fazer até mesmo a menor mudança que seja positiva para todo o planeta. Dessa forma, os muros são derrubados e podemos ter um diálogo apropriado.

UM MEIO-TERMO

Adoraria viver num mundo sem dinheiro. Não tenho dúvida quanto a isso, esse é meu ideal. Mas enquanto trabalho e me movimento neste mundo como se isso fosse uma possibilidade real, o realista que existe em mim sabe que não é o que vai acontecer, pelo menos não durante meu tempo de vida. A maioria esmagadora das pessoas não tem desejo algum de abrir mão do dinheiro: elas acham que essa é uma ferramenta bastante útil. E muitas daquelas que gostariam de abrir mão do dinheiro me disseram, repetidamente, que não acreditam que conseguiriam.

O apoio que recebi durante o ano, tanto da mídia quanto do público, me deu muita esperança no futuro. Realmente acredito que podemos fazer as mudanças que os ecologistas do mundo acham que precisamos fazer. Uma mudança que acredito que podemos fazer, realista, ainda que não imperativa, é passar a usar moedas locais. Uma moeda local circula somente dentro de uma cidade, vila ou área pequena. No Reino Unido, os exemplos incluem as libras das cidades de Totnes e Lewes, mas há exemplos em outros países. Moedas locais não são moedas correntes legais. São mais uma espécie de escambo formalizado, em que produtos ou habilidades são negociados por uma quantia de moedas locais sob o acordo, que aquele que recebe pode, então, "gastar". As moedas locais visam manter o "dinheiro" circulando numa comunidade, construir relações entre produtores e consumidores, levar as pessoas a pensar sobre onde e como gastam o dinheiro e incentivar negócios e comércios locais. Embora os usuários de moedas locais precisem ainda participar, em graus variados, da economia global, as moedas locais são um grande passo na direção da relocalização das economias.

A moeda local é baseada na troca e, portanto, não tem alguns dos benefícios maiores que acredito que a economia da "corrente do bem" pode ter, mas para mim é um bom meio-termo. As moedas locais são um método fantástico de reduzir os graus de separação entre o consumidor e o consumido;

usuários de moedas locais avaliam muito melhor os processos de produção e se as necessidades dos produtores estão sendo atendidas. Se algumas comunidades pudessem fazer uma transição completa, saindo do sistema monetário corrente, isso seria um modelo de vida sustentável que outras comunidades poderiam copiar.

SUFICIÊNCIA COMUNITÁRIA

Quando as pessoas ficam sabendo que vivo sem dinheiro, a maioria supõe que devo ser quase completamente "autossuficiente". Era esse o meu plano, mas logo entendi que a independência é um dos maiores mitos da sociedade moderna. No mínimo, dependemos das abelhas, das minhocas e dos microorganismos para sobreviver. Não apenas percebi que não podia me tornar completamente autossuficiente mesmo se quisesse, como também percebi que não tinha desejo algum de sê-lo; algumas das maiores alegrias da minha vida vêm de relacionamentos com pessoas da minha comunidade. O que acredito que funciona melhor — e que acho mais desejável — é pequenos números de pessoas trabalharem com interdependência, construindo junto uma "suficiência comunitária".

Robin Dunbar, biólogo evolutivo britânico, estudou o tamanho de tribos de primatas não humanos e, a partir disso, desenvolveu sua descrição do "Número de Dunbar". Ele estima que os seres humanos podem manter relações sociais estáveis com aproximadamente 150 pessoas. Essas comunidades podem ser ruas, bairros ou vilas. Em torno desse tamanho, acredito que as comunidades podem se beneficiar da economia de escala que entra em jogo quando produzimos coisas para números cada vez maiores de pessoas, sem causar as ecologias de industrialização que surgem quando essa escala fica tão grande que se torna inerentemente insustentável. Como vivi meu ano em relativo isolamento, tive que fazer a maioria das coisas sozinho. Para preparar meu jantar, tinha que apanhar e cortar madeira, apanhar e cortar alimentos, abastecer o fogão-foguete durante trinta minutos, servir a comida e lavar os pratos. Se esse fosse um processo interdependente, eu só teria que fazer uma ou duas partes, o que me daria tempo para relaxar ou fazer algo criativo. O bonito é que você não precisa de dinheiro quando vive numa comunidade — você leva o que pode; sua reputação, de certa maneira, torna-se sua moeda. Quanto mais você dá, mais descobrirá que recebe. Essa tem sido minha experiência, de todo modo.

AS HABILIDADES ESSENCIAIS DO FUTURO

Antes de começar meu ano, eu achava que as habilidades mais importantes que precisaria para sobreviver ecologicamente e sem dinheiro seriam coisas como carpintaria, cultivo de verduras, projetos de permacultura, medicina, fazer e consertar roupas, culinária, técnicas de sobrevivência e ensinar. Ainda acho que tudo isso é essencial para viver sem dinheiro, sobretudo se quisermos criar uma comunidade autossustentável. Porém, eu as chamaria agora de "habilidades secundárias". Acredito que boa forma física, autodisciplina, cuidados e respeito verdadeiros pelo planeta e pelas espécies que nele vivem e capacidade de dar e compartilhar são as "habilidades primárias" para esse estilo de vida. Sem pelo menos algumas dessas habilidades, este não é um estilo de vida que você poderá adotar ou que conseguirá manter. No nível da comunidade, não é tão importante que todos estejam em boa forma física; muitos trabalhos não exigem isso. E se alguém fica doente, há outras pessoas por perto para ajudar. Mas quanto mais saudáveis e em forma estiverem os indivíduos envolvidos, melhor. Eles aproveitarão muito mais, já que grande parte da diversão envolve atividades ao ar livre.

Não posso exagerar o quanto sou um ser humano sem habilidades. Sou inacreditavelmente comum. Mas se posso viver dessa maneira, muitas pessoas também podem, se de fato quiserem; e a maioria das pessoas provavelmente faria muito melhor do que eu. Se a vontade de fazer isso estiver ali, em algum lugar, o resto é questão de educação e prática. É muito mais fácil ensinar uma pessoa a plantar uma semente do que convencê-la da necessidade de plantá-la.

UM FLUXO ORGÂNICO DE DAR E RECEBER

A partir do momento em que nascemos, a maioria de nós aprende que o dinheiro — e não a comunidade — é nossa principal fonte de segurança pessoal. É perfeitamente compreensível que a maioria das pessoas seja levada a proteger o que já tem; do contrário, se as coisas forem mal, com o que elas poderão contar?

Uma das primeiras e mais importantes lições que aprendi vivendo sem dinheiro foi confiar na vida. Acredito firmemente que, quando vivemos cada dia com o espírito de dar, recebemos o que quer que precisemos, sempre que precisarmos. Parei há muito tempo de tentar explicar isso; é algo que vem do sentimento e da experiência de vida. Conseguir um trailer de graça depois de vender minha casa flutuante para pagar pelo site da Freeconomy foi um grande exemplo, mas muitas coisas pequenas aconteceram a cada dia. Muitas noites, pedalava de casa em casa, ao voltar da cidade para minha casa, deixando — para amigos e pessoas que precisavam — comida que eu não poderia comer. Outras noites, me via na cidade faminto, depois de pedalar até lá tendo esquecido de levar comida, e encontrava na rua um amigo ou conhecido que me convidava para jantar.

Minha experiência é de que, quando você dá livremente, sem pensar no que receberá em troca, recebe livremente, sem falha. É um fluxo orgânico de dar e receber, uma dança mágica na qual seu ecossistema inteiro está fundamentado. Mas isso exige um salto de fé, e confiança de que a natureza proverá por suas necessidades. Os cristãos chamam isso de "colher o que se planta", os budistas chamam isso de "carma", e os ateus chamam isso de "bom senso".

Tome isso como exemplo: consideremos que estamos num grupo de trinta amigos. Decidimos que teremos consciência das necessidades de cada um e faremos o máximo para supri-las quando pudermos. Cada pessoa do grupo tem agora trinta pessoas cuidando dos seus melhores interesses. Porém, se cada um decidisse voltar a viver como a maioria de nós vive hoje, pensando sobretudo em nós mesmos, teríamos apenas uma pessoa cuidando de nossos melhores interesses — nós mesmos.

Se tivermos um pouco mais de amor, respeito e atenção com o mundo, acredito que todos nós nos beneficiaremos de um mundo com mais amor, atenção e respeito. Não é uma teoria complicada. Permanecer no fluxo de dar e receber livremente é um desafio. Nem sempre consigo. Mas os momentos em que estou nesse fluxo são os mais felizes. A vida parece fácil, não há resistência alguma, nenhum nado contra a corrente. Confiar que a vida suprirá qualquer que seja a sua necessidade é, para mim, a completa libertação. Isso liberta você das preocupações e lhe permite fazer o que quer que você queira realmente fazer.

O DINHEIRO É APENAS UMA MANEIRA DE FAZER AS COISAS

Durante meu ano, muitas pessoas sugeriram que eu só podia viver sem dinheiro porque outras pessoas viviam com dinheiro. "Como você teria uma estrada para pedalar se não existisse dinheiro e se eu não pagasse meus impostos?" É um argumento compreensível, mas baseado na suposição implícita de que você precisa de dinheiro para criar coisas. Uma suposição que, acredito, é assencialmente falha.

Cada vez mais aprendo que usar dinheiro é apenas uma maneira de fazer as coisas. É uma maneira de distribuir recompensas àqueles que ajudam a construir a estrada, mas é completamente desnecessário para a construção da estrada. O dinheiro permite a você usar mão de obra que não é local: o asfalto da estrada quase sempre é feito por pessoas que vêm de longe. Viver sem dinheiro nos força a obter localmente os materiais de que precisamos; obriga-nos a assumir a responsabilidade por suprir as necessidades da comunidade; força-nos a valorizar mais o que usamos. Força-nos também a usar mão de obra local, o que acho vital para lidar de maneira bem-sucedida com questões críticas como o pico do petróleo e mudanças climáticas. Não há motivo algum para pessoas locais não poderem construir qualquer estrada e caminho de que precisemos. Se devolvêssemos a tomada de decisões às comunidades, o que impediria as pessoas locais de se unirem para criar o que quer que precisem? É nada mais do que uma mudança de perspectiva.

Tenho sido criticado, sobretudo em entrevistas, por usar minha bicicleta nas estradas. Entendo isso; parece haver uma hipocrisia inerente. Mas você não pode arrancar os olhos de um homem e depois criticá-lo por ser cego. Tenho que lidar com o mundo em que estou, e não com um mundo ideal que não existe. Não quero manter esse mundo, mas é onde estou. A bicicleta é minha maneira de encontrar equilíbrio entre ter tanto impacto quanto possível por meio de uma mudança social positiva e ter tão pouco impacto quanto possível sobre nosso meio ambiente natural. Se dependesse de mim, ficaria feliz em sacrificar as largas estradas cobertas de asfalto se isso significasse que poderíamos voltar a um estilo de vida realmente sustentável. E você pode aplicar os mesmos argumentos a qualquer coisa que quisermos criar, sejam casas, pontes, hospitais ou escolas. Quanto mais vivo dessa maneira, mais sei que outro modo, mais localizado, é possível.

A NECESSIDADE É A MÃE DA INVENÇÃO

Eu sabia, antes de começar meu ano, que só podia me planejar para um número de coisas. Sentia que a grande maioria das coisas eu teria que resolver no dia a dia. Apesar de ser um dito antigo, a necessidade realmente é a mãe da invenção.

Só aprendi o truque da pasta de dente de erva-doce silvestre e da concha de molusco um mês depois de iniciada a experiência; a ideia de um mau hálito terrível me forçou a investigar minhas opções. Só usei minha máquina de costura Singer antiga, com roda manual, quando dois pares de jeans tiveram os fundilhos rasgados. Só ouvi falar do conceito de pneus que não furam depois de me perguntar o que faria se tivesse muitos furos. Não tinha a menor ideia de como trocar as pastilhas de freio da minha bicicleta sem dinheiro, até perceber que as lojas de bicicleta jogam fora pastilhas semiusadas e que havia pessoas da Comunidade Freeconomy local que podiam me mostrar como fixá-las.

A experiência desse ano me deu muita esperança. Ambientalistas apresentam cenários apocalípticos pós-pico do petróleo sobre como tudo isso vai realmente acabar mal. Posso entender o medo e o ceticismo; e os compartilho às vezes. Concordo que precisamos começar a fazer a transição para replanejar a sociedade para um tempo em que nossos climas meteorológico e econômico não serão muito estáveis. Se pudermos começar a fazer a transição agora, sei que seremos capazes de lidar com o que quer que surja em nosso caminho. O ser humano é uma espécie incrivelmente engenhosa; quando as coisas ficam difíceis, trabalhamos juntos para encontrar soluções. Na Segunda Guerra Mundial, os britânicos trabalharam juntos na campanha "Cave pela Vitória". Embora os tempos fossem outros, em que as pessoas conheciam seus vizinhos e os moradores de sua cidade, e as comunidades eram menores, sei que, se começarmos a reconstruir comunidades sólidas hoje, reconectando-nos às pessoas de nossa área, conseguiremos enfrentar o que quer que o futuro nos reserve.

O REAL VALOR DAS COISAS

Grandes fábricas, supermercados, megalojas e afins mudaram completamente nossa percepção sobre o preço justo das coisas. Noto isso de modo acentuado sempre que trabalho na pequena loja de comida orgânica em Bristol. Pessoas que dizem que de nenhuma maneira pagariam 1,50 libra por meio quilo de abobrinha não têm ideia alguma do esforço necessário para cultivá-la organicamente, sem enormes insumos de combustíveis fósseis. Um agricultor que ganha salário mínimo, assim como a grande maioria, tem mais ou menos cinco minutos para fazer todo o trabalho necessário para cortar até mesmo esse meio quilo de abobrinha. Em média, o agricultor recebe apenas metade do preço de varejo. Dessa metade, ele separa uma parte para gastos de manutenção e outros custos diretos.

Como podemos esperar que os agricultores trabalhem ainda mais rápido se eles estão usando suas mãos, e não uma maquinaria de energia intensiva?

Quanto mais me torno responsável pela produção das minhas coisas, ou pelo menos mais perto daqueles que as produzem, mais percebo o real valor das coisas. Meu amigo Josh faz cadeiras magníficas de salgueiros que ele mesmo cultiva. Sei o tempo que ele demora para fazer — desde plantar as mudas até prender as varas juntas. Sei o real valor dessa cadeira, e vai além do dinheiro. Para Josh, simboliza seu respeito pela terra e representa tudo que ele defende.

Percebi que grandes organizações que oferecem preços baixos só fazem isso porque exploram pessoas e se beneficiam de economias de escala. Elas vão acabar esgotando todos os recursos naturais desse planeta? Seus preços incluem o custo da destruição de tudo que estamos recebendo? Qual seria o preço dos seus produtos se elas fizessem isso?

PENSAMENTOS FINAIS

Estamos num momento crucial da história. Não podemos ter carros rápidos, computadores do tamanho de cartões de crédito, conveniências modernas e simultaneamente ter ar limpo, florestas abundantes, água potável e climas estáveis. Nossa geração pode ter uma coisa ou outra, mas não ambas. A humanidade precisa fazer uma escolha. Ambas têm um custo de oportunidade. Aparelhos ou natureza? Escolha a opção errada e a próxima geração poderá não ter nenhuma das duas.

EPÍLOGO

Aprender a viver sem dinheiro — a mudar a mentalidade e os hábitos que você adquiriu durante a vida — não é algo que você pode fazer, ou provavelmente queira fazer, da noite para o dia. Para mim, começou sete anos atrás, quando li o livro sobre Mahatma Gandhi e comecei o que acredito que será o esforço de uma vida inteira para pôr suas filosofias — misturadas às minhas — em prática num contexto moderno.

Desde que iniciei o movimento Freeconomy, em 2007, tenho procurado maneiras de tirar o dinheiro da equação em todos os aspectos da minha vida, desde a maneira como obtenho comida até a maneira como me divirto e como vou de A para B. Tenho procurado maneiras de substituir o dinheiro por relações reais com as pessoas da minha comunidade local e com o meio ambiente natural. Isso leva bastante tempo. Grande parte das informações de que precisei vieram através da experiência e conhecendo as pessoas certas no momento certo. Isso é algo que notei: quanto mais avanço nesse caminho, mais pessoas que estão aspirando a viver da mesma maneira entram em minha vida. Não sei bem se elas sempre estiveram ali e só recentemente tomei consciência delas, ou se a ideia de viver sem dinheiro — uma ideia tão velha quanto o mundo — está se tornando mais relevante à medida que surgem questões críticas como mudanças climáticas, crises bancárias, pico do petróleo, destruição ambiental e esgotamento de recursos. Quem sabe? Está claro que, por inúmeras razões, viver sem dinheiro é um movimento cujo tempo chegou e que está crescendo depressa.

Seguir o caminho para uma vida sem dinheiro é como entrar numa floresta virgem à meia-noite sem lanterna. Você sente que pode ser um lugar fantástico para viver, mas parece assombroso. Você não tem a menor ideia do que há pela frente ou do quanto precisa caminhar. Não obstante, caminha. Inevitavelmente, tropeça, cai, machuca-se, mas continua. Algumas horas depois, você encontra um estranho tentando chegar ao mesmo lugar por outro caminho. Vocês ajudam um ao outro. O fato de outra pessoa querer encontrar o mesmo lugar que você, não apenas faz você se sentir fisicamente mais seguro, como também reforça sua crença de que esse é um lugar aonde vale a pena ir. Você se sente menos sozinho e mais são. Às quatro da manhã, quando a parte mais escura da noite está perdendo o controle sobre sua percepção, você vê um grupo de pessoas à frente, todas elas procurando o mesmo lugar. Você se junta a elas e caminha junto com elas. Observa marcos, anota direções e pendura bandeiras para orientar outras pessoas que possam querer explorar a floresta sozinhas.

Quanto mais o amanhecer se aproxima, mais pessoas você encontra e menos assustadora a floresta se torna. Os monstros selvagens que você temia não se materializaram. De repente, você chega a uma pequena clareira. Parece que alguém viveu ali muitas gerações antes. Você e todas as pessoas que encontrou ao longo do caminho encontram, exatamente no mesmo momento, um monte de outras pessoas chegando a esse lugar, vindo de direções totalmente diferentes. Como você, elas estão procurando o que a intuição lhes disse que podia ser um paraíso. No momento em que todas as pessoas se encontram nesse lugar, o sol nasce no horizonte da clareira. Sua luz mostra que esse lugar é tão magnífico quanto todos imaginaram que seria. Há abundância. Todos ajudam uns aos outros a colher frutas e nozes e compartilham suas colheitas. Pessoas constroem abrigos juntas e há mais do que o suficiente para as necessidades de cada um. Como todos conseguiram se encontrar ao mesmo tempo, vindo de direções diferentes, sem um mapa, é um dos mistérios da vida. Alguns mal sabiam por que estavam seguindo por um caminho na floresta. Sabiam apenas que o caminho não era tão agradável quanto acharam que seria a princípio. Os motivos de cada um são diferentes, mas todos encontraram o paraíso no mesmo lugar.

Entrar no mundo da vida sem dinheiro pode ser bem assustador. Mas qual é a verdadeira aventura que não é? Os seres humanos fizeram suas maiores descobertas permanecendo confortáveis? A boa notícia para qualquer um que queira explorar é que cada vez mais pessoas estão seguindo esse caminho, pondo placas de sinalização, deixando pedras para pisar, escrevendo guias de viagem. Tudo que qualquer um precisa fazer é decidir que quer ir. Essa é a parte mais difícil.

Este livro é um mapa muito rudimentar da floresta. A vida sem dinheiro é uma aventura; e, como qualquer aventura, você deve deixar o mapa de lado de vez em quando e ver aonde o caminho leva. Se você está interessado em explorar esse estilo de vida, recomendo que encontre seu próprio caminho. Cada um de nós é diferente, e vivemos em comunidades diferentes. Não há uma única solução para todos; nossas soluções precisam ser encontradas localmente para corresponder às necessidades das pessoas e do meio ambiente em que elas vivem. Viver sem dinheiro é como todos nós algum dia vivemos, mas isso foi há muito tempo.

Nenhum de nós é professor; somos todos alunos, aprendendo com a experiência um do outro. Espero que você encontre alguma coisa na minha. Pegue o que achar útil e jogue o resto na lata de reciclagem de ideias.

SITES ÚTEIS (EM INGLÊS)

BookHopper (www.bookhopper.com)
Book Crossing (www.bookcrossing.com)
Couchsurfing (www.couchsurfing.com)
Carshare (www.carshare.com e www.nationalcarshare.com)
Fergus Drennan (www.wildmanwildfood.com)
Free Text Messages (www.cbfsms.com)
Freecycle (www.freecycle.org)
Freegle (www.ilovefreegle.org)
Freelender (www.freelender.org)
Global Freeloaders (www.globalfreeloaders.com)
GROFUN (www.grofun.org.uk)
Gumtree (www.gumtree.com)
Hospitality Club (www.hospitalityclub.org)
LETS (www.letslinkuk.org)
Liftshare (www.liftshare.com)
Money Saving Expert (www.moneysavingexpert.com)
ReaditSwapit (www.readitswapit.co.uk)
Selfsufficientish.com (www.selfsufficientish.com)
Skype (www.skype.com)
Streets Alive (www.streetsalive.net)
SUSTRANS (www.sustrans.org.uk)
Swishing (www.swishing.org)
Swaparamarazzmatazz (www.myspace.com/swaparamarazzmatazz)
The Freeconomy Community (www.justfortheloveofit.org)
The Ramblers Association (www.ramblers.org.uk)
Timebank (www.timebanking.org)
Transition Culture (www.transitionculture.org)
UK Freegans (www.freegan.org.uk)
World Wide Opportunities on Organic Farms (WWOOFing) (www.wwoof.org)

Este livro foi composto na tipologia Adobe Garamond Pro,
em corpo 11,5/14,3, e impresso em papel lux cream 70g/m²,
na Markgraph.